史學研究叢書‧歷史文化叢刊

# 晚清新疆官辦教育研究

王啟明　著

本書係國家社會科學基金中國歷史研究院重大歷史問題研究專項2021年度重大招標項目《中原地區與西域各民族交往交流交融史料整理與研究》（LSYZD21005）的階段性成果。

# 目次

# 引言

　　清乾隆年間統一新疆後，建立了以伊犁將軍為代表的軍府制度，並在民政領域採取州縣、伯克與札薩克等多元化的間接管理模式。同治年間新疆大亂後，阿古柏入侵並占領新疆大部越十年之久，摧毀了新疆原有的統治體系。光緒年間清朝收復新疆後，重新構建自己的統治系統，透過新疆建省，以內地州縣制度和州縣官員的直接管理模式取代先前多元化的間接管理模式。但對於來自內地的漢人官員群體如何治理非漢文化的邊疆（尤其南疆）社會，面臨挑戰。為應對這種挑戰，也為了官府與百姓之間能夠進行比較直接的交流與溝通，克服與當地講察合臺語的民眾交流的語言和文化障礙，以左宗棠為代表的清朝官員從收復新疆伊始，便積極開展主要面向當地維吾爾學童的官辦義學教育，並在光緒末年全國推廣新式學堂教育的情況下，新疆也積極施行各類學堂教育，開展近代化的「國民教育」——學堂教育。由於這兩類教育均由清朝官府籌集資金並主持興辦，且主要面向維吾爾學童，因此學術界一般統稱之「官辦民族教育」。

　　此前有關晚清新疆官辦民族教育的研究，雖有日本學者片岡一忠（KATAOKA Kazutada）《清朝新疆統治研究》（東京市：雄山閣，1991年）與中島幸宏（Y. Nakashima）〈清末新疆省における義塾教育〉（《東洋史論集》第38號，2010年），以及中國學者馬文華《新疆教育史稿》（烏魯木齊市：新疆大學出版社，1998年）與朱玉麒〈清代新疆官辦民族教育的政府反思〉（《西域研究》2013年第1期）等相關研究成果，但這些研究成果主要利用傳統方志、文集等資料，多從新疆建省這一

主題下檢討，兼之篇幅有限，以及探討的主題不同，未能細緻分析官辦義學及學堂各項制度因素的各種流變等問題。究其原因，主要在於以往學者從事此類研究時，缺乏與教育相關的第一手檔案材料，不過隨著《清代新疆檔案選輯》的影印出版，使得我們有機會深入瞭解晚清新疆官辦民族教育的詳細情況。本項目將著重利用這批以吐魯番為中心的州縣衙門檔案，就晚清新疆義學的設置、塾師與學童、教材與考課、經費與成效；以及學堂教育行政機構的設立、師資與經費、教材與考試、放假與轉學等多個方面進行了全面深入的研究，以期彌補以往學術研究中的不足。

# 第一章
# 晚清新疆義學建設始末

　　義學又稱義塾，是清代最為廣泛的基層教育機構，屬於啟蒙教育，不僅分布於內地，許多邊疆地帶亦有分布。[1]考慮到晚清義學主要施教於南疆維吾爾學童，但現有關於晚清新疆義學的研究多為全疆性的宏觀考察[2]，而非大量細部的區域研究，兼之篇幅有限，所以未能細緻分析各地義學的建設過程、塾師與學童、教材與考課、經費與成效等內容。究其原因，主要在於義學材料的缺乏，不過隨著以吐魯番資料為主的《清代新疆檔案選輯》的出版[3]，使我們有機會深入瞭解光緒年間新疆義塾的開辦情況。緣此，本章將以吐魯番為中心，先就該地義學的建設進行探討，以期明晰晚清新疆義學建設始末。

---

1　參見馮克正、傅慶升主編：《諸子百家大辭典》（瀋陽市：遼寧人民出版社，1996年），頁948-949。

2　如紀大椿：〈論新疆以建省為核心的改革〉，《西北民族研究》1990年第1期。又收入氏著《新疆近世史論文選粹》（烏魯木齊市：新疆人民出版社，2011年），頁97-98；片岡一忠：《清朝新疆統治研究》（東京市：雄山閣，1991年），頁202-205；鍾興麒：《新疆建省述評》（烏魯木齊市：新疆大學出版社，1993年），頁156-159；馬文華：《新疆教育史稿》（烏魯木齊市：新疆大學出版社，1998年），頁24-25，該書2006年由新疆教育出版社再版；王鳴野：《清季新疆二十八年》，中國社會科學院博士論文，2005年，頁28-31。中島幸宏：「清末新疆省における義塾教育」《東洋史論集》第38號，2010年4月，頁38-56。需要指出的是中國學者多未能注意片岡一忠的成果，所以未能吸收。而中島幸宏也未能吸收前引中國學者的研究成果。

3　中國邊疆史地研究中心、新疆維吾爾自治區檔案局合編：《清代新疆檔案選輯》影印本（桂林市：廣西師範大學出版社，2012年）。

# 一 義學建設背景

　　早在光緒四年（1878），左宗棠就在「復陳新疆情形折」中將設置義學作為改建新疆為行省的緣由之一，因為以前「北路得之準部，南路得之回部，皆因俗施治，未能與內地一道同風，久已概為邊地」，及「北路糧員但管徵收，而承催則責之頭目。南路徵收，均由回目阿奇木伯克等交官，官民隔絕，民之畏官，不如其畏所管頭目」，且「爭訟之事，曲直不能經達，官與民語言不通，文字不曉，全恃通事居間傳述，顛倒混淆，時所不免」，為了「漸通其情實，去其壅蔽」，就得「廣置義塾，先教以漢文，俾其略識字義。徵收所用卷票，其戶民數目，漢文居中，旁行兼注回字，令戶民易曉。遇有舛誤，即予隨時更正，責成各廳州縣，而道府察之，則綱目具而事易舉，頭目人等之權殺，官司之令行，民之情偽易知，政事之修廢易見，長治久安之效，實基于此。」[4]即左宗棠已將「廣置義塾」提高到改建行省，實現新疆長治久安的一項政策來抓。對此，朝廷令其悉心籌畫，次第興辦。[5]至光緒六年，左宗棠即將「分設義塾」列為新疆善後事宜的七大政策之一[6]，並強調「以義塾言之：新疆勘定已久，而漢回彼此扞格不入，官民隔閡，政令難施，一切條教均藉回目傳宣，壅蔽特甚。將欲化彼殊俗，同我華風，非分建義塾，令回童讀

---

4　俱見左宗棠：《左宗棠全集》（長沙市：岳麓書社，1987年）第7冊，頁193-194。光緒四年十月二十二日「復陳新疆情形折」，謹案，片岡一忠較早在《清朝新疆統治研究》中引用了這條材料。

5　同上注4，光緒四年十一月初九日「諭左宗棠開設新疆行省不為無見著將精力南北各城情形隨時詳悉具奏」，頁198-199。

6　七大政策為「竊維新疆善後事宜，以修浚河渠、建築城堡、廣興屯墾、清丈地畝、釐正賦稅、分設義塾、更定貨幣數大端為要。」見《左宗棠全集》第7冊，頁517。

書識字、通曉語言不可。」[7]可見，左宗棠這次將開辦義塾的目的已經提升到邊疆民族教育與國家認同的層面。

到光緒八年，劉錦棠為了籌議郡縣，必須裁撤不合時宜的阿奇木伯克等頭目，再次強調了施行義學教育的必要。原因之一就在於「纏回語言文字，本與滿漢不同，遇有訟獄徵收各事件，官民隔閡不通，阿奇木伯克通事人等，得以從中舞弊」，所以「是非被以文教，無由除彼錮習。自全疆戡定以來，各城分設義塾，令回童讀書識字，學習華語。其中盡多聰穎可造之資，授之以經，輒能背誦；學寫楷書，居然端好；為之講解義理，亦頗能領會。足見秉彝之良，無分中外。雖不必侈言化民成俗，而其效已有可睹。」[8]可見，義塾教育主要教授南疆的維吾爾學童[9]，並且從一開始就是為了配套日後的郡縣制度，旨在適應能夠官民語言相通的管理體制，如果可能，更高層次的期望則在於追求與內地文化的同一，並且已經取得了相應的進展。

至於吐魯番的義學設置情況，據《三州輯略》記載，同治動亂之前，吐魯番廣安城就曾設有義學一所。[10]迨光緒三年清軍克復吐魯番後，在全疆廣設義學的大環境下，吐魯番也逐步設立，至光緒八年底吐魯番地區共有六所義學[11]，但宣統年間成書的《新疆圖志》卻記載

---

7　左宗棠：《左宗棠全集》第7冊，光緒六年四月十七日「辦理新疆善後事宜折」，頁519。

8　劉錦棠著、楊雲輝校點：《劉錦棠奏稿》卷3（長沙市：岳麓書社，2013年）光緒八年七月初三日「裁撤阿奇木伯克等缺另設頭目並考試回童分別給予生監頂戴片」，頁89。

9　片岡一忠通過對劉錦棠奏報的義塾總數分布情況的研究，指出截止光緒八年十二月底止的南路義塾占全疆總數的三分之二，所以義塾是致力於維吾爾族子弟的漢語教育（見《清朝新疆統治研究》，頁203）。

10　和瑛：《三州輯略》卷2〈建置門〉，《中國西北文獻叢書二編》第5冊（北京市：線裝書局，2007年），頁264。

11　同上注8，卷6，光緒十年二月二十八日「關外營旗局站實在數目暨陸續裁併新收繕單立案折」，頁204。

吐魯番有義學八所,那麼吐魯番到底有幾所義塾,何時建立,如何分布,有無時空變化等等,下文將逐一回答這些問題。

## 二　各類義學的設立

據光緒四年吐魯番監督府奎綏的備案,「照得本府于光緒四年十月在新、舊兩城,稟中堂各設義學一處,延請塾師兩位,無論滿漢回纏□讀,自八歲以上,均准來此攻讀,俾知禮儀,以移風紀」[12],可知吐魯番新、舊兩城義塾於同年十月開辦,並且對八歲以上的各族兒童開放。另據托克遜義塾訓蒙白振玉光緒五年二月「于七月朔在回城開館訓徒,朔望講約」[13]的稟告來看,托克遜義塾似應開辦於光緒四年七月間。至光緒六年,奎綏的公文中統計已有四所義學,即吐魯番老城義學、新城義學、托克遜義學及辟展義學各一所。[14]據此,辟展義塾在此之前也已設立。到了光緒八年,吐魯番當局又諭令魯克沁開辦義學:

> 諭臺吉邁引知悉,照得新疆各地方設立義學延請塾師,原為教化愚頑,轉移風俗。茲查魯克沁設立義學不可無人掌教,亟應延請名師訓誨蒙童,庶可濡耳目染,底于有成。訪有黃生員先庚,品學兼優,堪以聘請塾師坊表,合行諭飭,為此諭,仰該臺吉遵照,俟黃先生抵,當率領大小頭目人等敬謹敦請,擇吉開館,即將聰明纏回蒙童率領拜謁,朝夕入塾,謹承訓誨,其

---

12 《清代新疆檔案選輯》第28冊,光緒四年十一月十五日(所引檔案具陳或到文時間),頁138。

13 同上注12,光緒五年新二月初一日,頁142。

14 同上注12,光緒六年六月初七日,頁181。

　　束修仍照定章按月具領，毋得始敬終衰，致負立塾延師之至
　意，切切毋違，此諭。[15]

據上，官府非常重視義塾的開辦，為之選擇塾師，並令臺吉等頭目籌
辦相關事宜，期在開館興學，轉移風俗。光緒九、十兩年檔案中又顯
示連木沁、三堡兩處已有義塾的存在[16]，至光緒十年六月，黃炳焜報
告「○廳所屬義塾共八處，合計各塾童為數頗多」[17]，至此，吐魯番
的義塾已經達到八所。此外，值得注意的是，光緒十六年，吐峪溝戶
民等稟報：

　　具懇恩，小的阿五思、阿的、忙你克等年歲不一，均住吐峪
　溝，懇恩作主，本溝設立義塾事，情因吐峪溝舊有義塾教讀數
　年，蒙前憲龍大老〔爺〕因塾師教理不善，撤去義塾，今魯克
　沁義塾飭臺吉在吐峪溝看驗小的等之子，令赴魯克沁義塾教
　讀，小的等之子均屬孩童，未過七歲，本溝離沁三十餘里，往
　返不便，加之年紀甚小，路途恐生不測，若在沁居念書，衣
　食無人照料，欲待不去，而臺吉屢次摧逼，……（後殘缺）[18]

據上，吐峪溝義學在龍魁任內裁撤，謹按龍魁於光緒十二年六月到十

---

15 《清代新疆檔案選輯》第28冊，光緒八年十月初十日，頁273。謹案，本文所引檔
　案中多有「纏民」、「纏回」與「纏童」等字樣，為清代官府對天山南路「維吾爾」
　居民之稱謂，為照顧檔案原文，全書皆不做更改，仍其舊，特此說明。

16 同上注15，光緒九年三月十一日，頁296-297；同冊，光緒十年五月初十日，頁370-
　371。

17 同上注15，光緒十年六月，頁371-372。案，○符號指代原引文中自謙之字。

18 同上注15，第29冊，光緒十六年三月初三日到，頁269。案，引文中〔爺〕字係引
　者根據上下文補入。

四年十月間在任[19]，所以在此期間或者稍早的某個時段，吐峪溝也曾開辦過義塾教育，由於檔案殘缺，未見批復。但從光緒十七年的義塾名單來看[20]，仍是八所，並無吐峪溝義塾名目，此次申請似乎未被允准。至於這八所義學的學童族群身份，據光緒十年的檔案顯示：「該廳義學八堂，據稱三堡、魯克沁、漢墩、連木沁四塾均維吾爾學童，老城一塾盡係回、漢，新城參用纏童四名，托克遜、辟展參用回、漢二三名」[21]，可知八所義塾中，除過吐魯番新老兩城維吾爾學童較少外，其他偏遠地區的六所義塾，維吾爾學童學生占有絕對比例。

與此同時，新的護理新疆巡撫魏光燾針對已經開辦十有餘年的南疆義塾提出了一項大膽的改革計畫，根據鎮迪道給吐魯番的札文顯示：

> 案奉護撫部院魏照會，照得南疆創立義學已逾十年，原議俟有成效，仿照造士選士之意，于各廳州縣挑設總塾，以示優異而資激勸，本護部院現查各屬生童雖有可造之資，若按屬設立，尚屬不敷挑選，應暫于阿克蘇新城、喀什噶爾回城添設總塾各一堂，由道經理，就□□義塾內挑選資性較優，學業較勝者調入總塾肄業，以十六名為定額，另擇品學兼優之士課讀，各屬舊設義塾，應一律作為散塾，其由散塾挑赴總塾生童，所遺之額另選年幼聰穎子弟頂補，總散各塾所需修金膏火等項，分別酌定另單飭遵，總塾設定後，由道核明給領，散塾自本年七月初一日起，由各廳州縣按照新章支發造報。[22]

---

19　曹尚亭、查向軍：〈吐魯番直隸廳運作史鉤略〉，《新疆大學學報》2005年第5期，頁48。

20　《清代新疆檔案選輯》第29冊，光緒十七年七月，頁388-391。

21　同上注20，第28冊，光緒十年十二月二十七日到，頁403。

22　同上注20，第30冊，光緒十七年六月三十日，頁113-114。引文中「□□」指代殘缺文字。

所謂「已逾十年」之事，當係光緒八年劉錦棠所奏「裁撤阿奇木伯克等缺另設頭目並考試回童分別給予生監頂戴片」中對於義塾維吾爾學童的鼓勵措施，其具體內容如下：

> 此時建置南路郡縣，教職等官，暫可不設，惟宜設法鼓勵，使回族爭奮于學，庶教化可期漸興。所有原設各塾，應由各廳州縣延師訓課。以小學、孝經、論語、孟子、大學、中庸、詩、經、易、禮、春秋教各回童。擬每歲令各廳州縣考試一次。有能誦習一經、塾諳華語者，不拘人數多寡，即送該管道衙門覆試，詳由邊疆大員援照保舉武弁之例，咨部給予生監頂戴；待其年已長大，即准充當頭目。如有勤學不倦，能多習一經或數經者，無論已未充當頭目，均准各廳州縣考送，由道覆試請獎，再行遞換五品以下各項頂戴，仍不得逾六品，以示限制。[23]

對於以上劉錦棠的奏請，得到「軍機大臣奉旨，另有旨，欽此」的回復，但所謂的「另有旨」的內容，我們可以從光緒十二年劉錦棠的奏摺中獲知，即「回童分別給予生監頂戴」的建議「核與例案不符，應俟粗通文義時，再行酌設學額，憑文取進。若以該回眾等但須讀書認字，不必責其文理，應由該大臣另行酌給獎勵」，經過試辦，並派人考察南疆義塾回童後，劉錦棠奏請「俯念邊氓初知向學，准其變通辦理。備取佾生，仍俟學業有成，再議設學官，議定學額，以符定制」，最後「軍機大臣奉旨：著照所請，禮部知道，欽此。」[24]所以，

---

23 劉錦棠：《劉錦棠奏稿》卷3，光緒八年七月初三日「裁撤阿奇木伯克等缺另設頭目並考試回童分別給予生監頂戴片」，頁89-90。

24 俱見同上注23，卷11，光緒十二年八月十八日「擬將義塾學童另行酌獎備取佾生折」，頁367-368。

至此時魏光燾舊事重提，為鼓勵義塾纏童，要求南疆兩道各設總塾一所，舊有義塾改為散塾等等，鎮迪道隨即將此公文轉給吐魯番直隸廳，意在令其照辦，但吐魯番直隸廳雖屬南疆，卻受鎮迪道管轄，究竟如何設立未見說明。次年，新接任的巡撫陶模在一份批文中明確否決了吐魯番廳酌擬改設總塾的計畫，因為「義學一事，求速效者病其躁，不能成者失之誣，祇宜滌除積習，盡吾心與力而為之，若舉棋不定，不但無以取信于民，且日事紛更，仍無把握，反不如按節而施者，得寸即寸，上年前護部院魏仿論秀書升之意，於東西兩道各設總塾。現查生童學業、塾師教法未見勝于散塾，且或遜于散塾，該廳各塾應即照舊辦理，所請裁併一塾，添設總塾之處，均毋庸議」[25]，可知吐魯番雖有設立總塾之請，但最後並未設立。

## 三　義學的相繼裁改

光緒二十四年，隨著清朝「百日維新」的進行，吐魯番廳也收到鎮迪道轉飭而來的一份上諭，其主要內容「即將各省府廳州縣現有之大小書院一律改為兼習中學西學之學校，至于學校等級，自應以省會之大書院為高等學，郡城之書院為中等學，州縣之書院為小學，皆須給京師大學堂章程，令其仿照辦理。其地方自行捐辦之義學、社學等，亦令一律中西兼習，以廣造就」[26]，此舉預示著傳統的義學即將面臨裁改的命運。至光緒二十七年（1901），清廷再次發佈上諭「著各省所有書院，于省城均改設大學堂，各府及直隸州均改設中學堂，各州縣均改設小學堂，並多設蒙養學堂。」[27]次年，省府札文「回疆

---

25　《清代新疆檔案選輯》第29冊，光緒十八年閏六月初九日，頁445。

26　同上注25，第31冊，光緒二十四年九月，頁301。

27　朱壽朋編：《光緒朝東華錄》（北京市：中華書局，1958年），第4冊，頁4719。

設立義學有年，歲靡公家鉅款，迄無成效，良深浩歎，自應整頓，俾免曠誤，查南路各塾學堂，前經藩司會同兼臬司申報，擇其材堪造就者留之，頑劣無成者汰去，或派充鄉約或改習書辦，從寬錄用，每廳酌留正塾一堂、副塾一堂，並擬定開支銀糧數目，從本年起舉行」，由於義塾所費不少，且收效甚微，所以從光緒二十八年起，要求每廳只留一正、一副兩所義塾。但吐魯番廳卻「擬請酌留老城一塾，裁撤漢墩一塾，改設蒙館三堂」，即便考慮「該廳雖隸鎮迪道管轄，而地居南路，義塾多係纏童，本與北路不同」，但省府還是指令吐魯番「遵照南路各廳通行章程一律辦理」。[28]吐魯番最後只得酌留老城義塾一堂，擬裁漢墩義塾一堂，改設蒙館三堂，分設漢墩、魯克沁、托克遜三處，綜計義塾一堂、蒙館三堂，共歲支銀七百七十二兩二錢。[29]又據一件年代不詳，但大概在此前後的檔案顯示「吐魯番廳義塾已裁併六堂」[30]。稍後，清朝甲午戰敗，新疆也須分賠四十萬兩，光緒三十年檔案中便有「上年酌籌彌補賠款，由司詳定章程內有減支義學經費解充公用一款」，雖然後來免其解繳[31]，但全省義學教育受其影響則是毫無疑問的。至「光緒三十一年八月初六日，內閣奉上諭，昨已有旨停止歲科考試，專辦學堂，所有各省學政均著專司考校學堂事務」[32]。次年，鎮迪道轉來巡撫吳引孫的諭令：「案奉憲臺札開，省城創設高等學堂自十一月二十日開學以來，分班教育，粗具規模，惟蒙養學堂實為備齊之基礎，非籌款徧設不足以開通民智。查新省義學建設多年，課程未歸畫一，尚鮮實效，所有省城附近及道屬府廳州縣原有之

---

28　俱見《清代新疆檔案選輯》第32冊，光緒二十八年二月，頁157-158。

29　同上注28，時間不詳（約在光緒二十七年末），頁200。

30　同上注28，第35冊，時間不詳，頁389。

31　同上注28，光緒三十年正月二十一日，頁351-352。

32　同上注28，第33冊，光緒三十二年正月十九日，頁62。

義學，從明年正月起應請悉改為蒙養學堂」[33]，即從光緒三十二年始，省城附近及鎮迪道所屬的義學將被裁改為蒙養學堂，此舉預示著一場規模更大的近代學堂教育即將展開，在這一系列變動中，包括吐魯番義塾在內的整個基礎義學教育終於走到了它的盡頭，並最終退出了歷史舞臺。

---

33 《清代新疆檔案選輯》第33冊，光緒三十二年正月，頁60。

# 第二章
# 晚清新疆義學塾師與學童

## 一　塾師

　　開辦義學，必須延請塾師，並給薪金，而塾師的品學與修養又直接關係義塾的教學質量，如清代《變通小學義塾章程》曾就開辦義學論述道：「此舉首在擇師，師道立則善人多，此言良非虛語，故得其師，則一人可教化千百人，不得其師，則車載斗量，無有是處。」[1] 可見，塾師建設成為義學教育不可或缺的一環。以下著重就涉及吐魯番義塾建設中的塾師素養與薪水兩個問題展開。

### （一）塾師素養

　　據檔案，吐魯番義塾的塾師基本上都是一些層次較低的知識分子。如托克遜義塾訓蒙為陝西大荔縣優生白振玉[2]，魯克沁義學開辦伊始，官府親自任命品學兼優的生員黃先庚為塾師[3]，當老城與辟展兩處塾師被裁撤後，也「以楊從九兆奎接充老城塾師，向監生泰接充辟展塾師」[4]，新城「該塾師朱炳誠年老衰邁，難援成材，前經本爵部院批准調赴別塾在案，仰即延請許附生重嘉前往接」[5]等等。而塾

---

1　無名氏：《變通小學義塾章程》，徐梓、王雪梅編：《蒙學要義》（太原市：山西教育出版社，1991年），頁66。
2　《清代新疆檔案選輯》第28冊，光緒五年新二月初一，頁142。
3　同上注2，光緒八年十月初十日，頁273。
4　同上注2，第29冊，光緒十二年正月二十三日到，頁16。
5　同上注2，第29冊，光緒十三年三月到，頁74-75。

師的任命權往往掌握在官府手中，一旦塾師病故，也會立即補充，如「照得三堡義學陳塾師業經病故，應即延師接充，以免曠廢，茲查有劉鴻賓品學兼優，除敦請即日馳赴該堡義塾課讀外，合應諭飭」[6]，但有時當地民眾也非常關心塾師的選擇，如光緒九年（1883）眾頭目稟報：

> 托克遜四蘇目五受爾、坤都則以提，并漢、回民鄉約孫克昌、田百成等叩稟大老爺座前，敬稟者，昨歲大老爺蒞任以來，承奉面飭各義學之事，以興□文而化俗為美，教蒙各民子弟，因前任楊大老爺前請各學先生均係南方蒙師，奈此地孩童口語不符，字音不同，雖蒙嚴訓，難以記識，惟有陝甘之士易與聽聞，子弟悅讀，承蒙我仁政大老爺蒞任此方，格外體恤，諄諄教誨，准民等另行舉保，足見我仁政大老爺愛民之至意也。今訪得有前署甘肅甘州府山丹縣右堂王瑞係陝西富平縣人，因與大營轉運來吐，現在老城居住，其人老成純靜，字音相符，講讀易聞，又聞伊詩書傳家，是以民等舉保，伏乞大老爺電鑒核奪批飭，則沾鴻恩于無既矣。[7]

據上，我們大概可以得知托克遜地方的民眾已經習慣西北陝甘方言，而此前所請的塾師均為南方蒙師，其言語與當地陝甘方言相差較大，義塾子弟不能聽懂，希望來自陝西的王瑞充當該處塾師，才能「字音相符，講讀易聞」，雖然官府只是批復「候籌款另議」，但我們仍然可

---

6　《清代新疆檔案選輯》第28冊，光緒十年五月初十日，頁370-371。

7　同上注6，光緒九年正月二十二十一日，頁287。謹案，本文所引檔案中多有「纏民」、「纏回」與「纏童」等字樣，為清代官府對天山南路「維吾爾」居民之稱謂，為照顧檔案原文，全書皆不做更改，仍其舊，特此說明。

知塾師的適當與否將直接關係義塾的教學質量。

　　隨著時間的推移，當時全疆塾師的情況越發不甚理想，光緒十四年劉錦棠札文：

> 照得纏俗榛柸，風氣未開，公家不惜鉅資設立義學，全在各塾師激發天良，恪供厥職，上副本爵部院振興文教之意，下不負纏民向化之心，乃訪聞各塾師勤謹者固不乏人，玩泄者正復不少，或任意酬喜，授徒各復功課，或肆行槍替考課，遂成具文，或幹沒膏火銀糧，不顧學徒寒苦，或放債盤剝重利，輒與市儈往來，甚至唆弄是非，干預詞訟，聚群開賭，結隊浪遊，似此相習成風，毫無顧忌，欲其以詩書之澤濡染窮荒，此必不可得之數也。亟應飭各地方長嚴行查察，如有前項情弊，准即點名，該管道立將該塾師撤退，令擇品學兼優之士接充，以除積習，而固後效，至各地方官身為司牧，與學立教責有所歸，倘明知塾師不職，輒復瞻徇情面，不即稟撤，一經查出定即並究不貸，除分行外，合行札飭，為此札，仰該廳即便遵照辦理，毋違，此札。[8]

可見當時塾師多有浮華、玩泄學務、幹沒學費、放債盤剝、干預詞訟、開賭浪遊等等不法行徑，儼然成為地方新頭目，塾師建設面臨嚴峻的考驗，為此劉錦棠要求地方官加強對塾師的考察，如有上面所指弊端一律裁撤另補。次年，省府指出「吐屬義塾廢弛，務宜整頓，惟托克遜塾更屬無底，即行撤換」[9]，並一再強調，「至塾師勤惰關係子弟成敗，稟中撤換一層尤得醫家治本之法，顧安得地方官破除情面，

---

8　《清代新疆檔案選輯》第29冊，光緒十四年八月，頁124-125。
9　同上注8，光緒十五年十月二十五日，頁210-211。

不負所望耶，仰即通飭所屬並候分行各道轉飭一體遵照」[10]等等，但是光緒二十二年的檔案中仍然顯示，漢敦塾師「以在官之人輒向該民之子支放高粱，居心近利，殊屬不應，姑念為數無多，候飭該管頭目查明處詰，該民亦不得逞刁再瀆牌示」[11]，可見官府對塾師的不法行徑並未嚴厲追究，這必然對義塾教育產生消極的影響。

## （二）塾師薪水

塾師是否安心教學，與其所獲薪水不無關係。光緒四年吐魯番新舊兩城開辦義塾，延請塾師時，明確規定「其塾師修金柴糧等項，本府查臨城左近有公地百畝，牙爾湖有坎井一道，可收租課，存倉變價，每塾師一位每月各供給小麥二斗，棵糧二斗，每月各送修金八兩，按月俱應不得長支短欠，其柴薪一項，由炭窯每年各撥送二萬二千斤等情，仰該房備案，以便查考，俾免日久遺漏滋弊，切切毋違，此飭。」[12]光緒六年，吐魯番新老城、辟展及托克遜四塾師均為每月發薪水銀八兩[13]，似乎塾師的薪水為每月八兩。就此數據，我們尚無法判定其高低多少，但可以與光緒前期當地的官府書役及牛痘局員的薪水做一比較，以窺探其多少。光緒九年吐魯番牛痘局痘醫李定榮「自九年十一月二十四日起至十年十二月底止連閏計一十四個月零六天，每月支薪水伙食銀二十四兩，合符前數」[14]，光緒十八年「支發痘醫學徒伙夫薪工銀三百二十三兩二錢，痘醫一名，月支薪水銀十六兩」[15]；而廳屬書役薪水，據檔案統計「各府廳衙門書役多寡不齊，

---

10 《清代新疆檔案選輯》第29冊，光緒十八年六月，頁446-447。

11 同上注10，第84冊，光緒二十二年十一月二十五日，頁88。

12 同上注10，第28冊，光緒四年十一月十五日，頁138-139。

13 同上注10，第28冊，光緒六年六月初七日，頁181。

14 同上注10，第10冊，光緒十一年四月二十二日，頁177-179。

15 同上注10，第82冊，光緒十九年九月二十七日，頁163。

視缺事之繁簡，地方之大小而定，均經奏咨在案，其工食口糧均照鎮迪道書役定章，每書吏一名歲支工食五十七兩二錢，每役一名歲支工食二十四兩」[16]。需要說明的是，塾師及痘醫薪水往往以湘平銀支發，書役人等往往以庫平銀支發，即便考慮到兩者之間的換算差異，也完全可以確定塾師的月薪要遠遠高於吐魯番直隸廳衙門書役的月薪水平，不過只有同為辦理善後事務的牛痘局痘醫月薪的三分之一，甚至只有痘醫學徒月薪的一半，所以此時塾師的月薪還是比較低的，如此便有增加塾師月薪的客觀空間。

至光緒十年，吐魯番當局反映「自經○○認真督飭各塾師勤加教讀，嚴考功課，並蒙憲恩加給修金以示鼓勵，各塾師倍為竭力，數月之間，各塾童亦均大有進境」[17]，可知塾師修金增加後，塾師倍加努力，教學質量也迅速提升。劉錦棠根據吐魯番廳的報告，批復「據申賁各塾冬季課本清冊到轅，核閱多有進境，新城義塾裴萬福等七名起講語氣清白者，明年於定章外加塾師修金八兩，得二三人四五人不等者，准照人數遞加等語，此雖啟脹纏民起見，而漢回既減等給獎，教授漢回者亦應酌量獎勵，該塾之師明年每名准加修金二兩以示鼓勵，而昭公允」[18]。次年吐魯番又請加增新城塾師修金，巡撫劉錦棠明確批復「南北兩路塾師束修各有定章，該廳新城一塾雖不及南路各塾經費之優，較北路鎮西迪化奇臺吉木薩等塾加增業已過倍，若再改照喀喇沙爾廳章程給領，是鎮迪道屬義學束修，該塾獨收豐厚，殊不足以昭公允，礙難照準」[19]，換言之，此時吐魯番塾師的薪水介乎南疆與北疆之間。其後，根據光緒十六年夏季分造報的義塾束修清冊顯示，

---

16 《清光緒年二十二省財政說明書·陝西新疆卷》（北京市：全國圖書館文獻縮微複製中心，2008年），第二冊，第十五節「各府廳衙門書役之經費」，頁334。

17 《清代新疆檔案選輯》第28冊，光緒十年六月，頁371-372。

18 俱見同上注17，光緒十年十二月二十七日到，頁403。

19 同上注17，第29冊，光緒十三年三月到，頁74-75。

「發過各塾師夏季分束修湘平銀五百四兩，內新城、老城、托克遜、魯克沁、辟展、三堡、漢敦、連木沁，計八塾師，月支束修銀二十一兩，自四月分起至六月底止，計三個月按月支給合符前數」[20]，即吐魯番各塾師的薪水此時已經增至每月二十一兩，並且之後似乎一直保持此數。[21]

此外，義塾還配有雜夫，雜夫在維吾爾學童義塾中也起著不小的作用，據稱「塾中火夫原恐為塾師專為己有，學童起館使喚無人，故通飭改為雜夫，舉塾師塾童一切炊爨奔走之役，均在其內，塾童逃學，塾師不過令其往傳，非謂管束纏徒，教授漢話均有藉于雜夫也」[22]，陶模也強調「師生言語不通，教何從入，初入塾者，自以令學漢語為先，塾中如何通事，自易為力，若無通事，即令能說漢話之年長生童傳語教之」[23]，可見雜夫所扮演的傳譯作用某種程度上也充當著教師的角色。至於其薪水，據光緒十六年夏季分「發過各塾雜夫夏季分工食湘平銀三十五兩六錢，內新城、老城、托克遜、魯克沁、辟展、三堡、漢敦、連木沁共八塾，每塾用雜夫一名，每名月給工銀一兩五錢，自四月分起至六月底止，計三個月，內除小建一日不給外，照章扣算，合符前數。」[24]可見雜夫薪水少得可憐。

為加強義塾的教學質量，巡撫陶模光緒十八年特出示「增定義學章程六條」，其中最後一條專門針對義塾塾師，如下：

---

20 《清代新疆檔案選輯》第12冊，光緒十六年七月初五日，頁205-206。

21 參見同上注20，第14冊，光緒十九年九月十七日，頁156-159撫民府彭行「光緒十九年春季分」義塾束修數據；第31冊，光緒二十二年三月初三日，頁57-58，特授吐魯番安直隸撫民府朱行「光緒十八年分」義塾束修數據。

22 同上注20，第28冊，光緒十年九月初十日，頁394。

23 同上注20，第36冊，光緒十八年，頁128。

24 同上注20，第12冊，光緒十六年七月初五日，頁206-207。

統計新省各義塾費銀三萬數千兩，每塾師修金火食雜費僅從每年約需三百金或五百金之多，此皆內地小民之脂膏。朝廷不惜如許鉅款，挹彼注此者，原欲邊士群黎知學向化，各遂其生，以長治久安耳，非使欺哄童蒙槍替文字，以厚入為富家肥己之資也。為塾師者受此多金，宜如何盡心竭力誘掖裁成，以期所職無虧，所受無忝，本部院與各塾師勢分雖隔，具有天良，各塾師倘虛應故事，空糜館金，實無以副本部院愛育邊民，崇本重學之意，即本部院亦無以上對朝廷，更無怪纏民以學校為畏途而裹足不前也。今以受任伊始，百廢皆須振興，而于義學一端屬意尤切，仰各詳譯諸條，努力自新，相與振作，以詩書之澤變荒徼之風，行見師道，立善人多，上以廣朝廷柔遠綏邊之化，下以開邊民尊師重道慕□□學之心，本部院實有厚望焉。[25]

陶模指出，全省每年義塾需費銀三萬多兩，平均每塾師修金伙食雜費僅從約為三百至五百兩之多，陶模希望塾師能夠愛惜此款，認真教授，以期實有成效，但效果並不理想。

## 二　學童

### （一）入學條件

　　早在光緒四年新老城開辦義學之始，官府便飭令「無論滿漢回纏□□，自八歲以上，均准來此攻讀，俾知禮儀，以移風紀」[26]，即只有年歲的規定，並無群體上的區別。不過，這一年齡要求也許僅限於

---

25　《清代新疆檔案選輯》第36冊，光緒十八年，頁129-130。
26　同上注25，第28冊，光緒四年十一月十五日，頁138-139。

吐魯番新老兩城，吐魯番其他地區並非嚴格執行，如光緒十五年托克遜義塾的清折顯示「回童 海 晏清，年十四歲，身中面麻，自八年入塾」[27]，據此推測，其光緒八年入學時無論如何也不會超過八歲。此外，對於入塾讀書的兒童還有別的要求，如魯克沁開辦義塾時，官府就令當地頭目「即將聰明纏回蒙童率領拜謁，朝夕入塾，謹承訓誨，其束修仍照定章按月具領」[28]，有時還明確飭令當地頭目「在於該管地方殷實戶民內擇其聰明子弟三名送交該塾師驗收，以便如數補足學額，教令讀書」[29]，此要求並非僅限於吐魯番地區，如同年省府在給和闐直隸州的公文中詢問「所挑新童六名是否遵照前飭選擇殷實纏回家聰穎子弟，應飭明白具復」[30]，可見進入義塾的學生原則上應為殷實家庭中的聰穎孩童，當然這可能主要適用於纏民孩童，但也非絕對條件。實際上有不少富裕家庭出於種種原因，僱傭貧窮子弟頂替自己的孩童上學。

## （二）學童層次

吐魯番義塾學童的層次可以從各學塾的四季考課取額名單中窺探一二，由於這類材料主要集中於光緒二十年前後，所以此處僅以光緒十七年及光緒二十兩年吐魯番八所義塾的信息為例，如下表：

---

27 《清代新疆檔案選輯》第29冊，光緒十五年十一月，頁217。

28 同上注27，第28冊，光緒八年十月初十日，頁273。

29 同上注27，第28冊，光緒十一年八月初十日，頁439。

30 同上注27，第28冊，光緒十年九月初十日，頁393-394。

## 學童層次表

| 義塾 ＼ 年份 | 光緒十七年夏季分[31] | 光緒二十年秋季分[32] |
|---|---|---|
| 老城義塾 | 正課三名：劉文中（漢童）、丁福□（漢童）、田有豐（漢童） | 正課二名：艾學書（纏童）、張樂山（漢童） |
| | 附課三名：王安邦（漢童）、張樂山（漢童）、李遇新（漢童） | 副課四名：魯之望（纏童）、桂明（纏童）、文海清（纏童）、華葉（纏童） |
| | 額外附課三名：李鳳鳴（漢童）、劉馥溪（漢童）、宋□光（漢童） | 額外附課四名：楊長遠（漢童）、田潤家（漢童）、高華（纏童）、阿士邁（纏童）[33] |
| 新城義塾 | 正課二名：丁澤昌（漢童）、馬必有（回童） | 正課一名：康泰來（漢童） |
| | 附課三名：奎得祿（漢童）、黨運明（漢童）、馬金飛（回童） | 副課四名：華茂（纏童）、于素甫（纏童）、呼五福（纏童）、敏宗德（纏童） |
| | 額外附課五名：楊善清（回童）、馬善祥（回童）、郭金堂（漢童）、馬明宣（回童）、何明清（漢童） | 額外附課五名：孟依仁（纏童）、艾金桂（漢童）、沙貴甫（纏童）、艾金蘭（漢童）、呼益甫（纏童） |
| | 正課二名：海晏清（回童）、餘子海（纏童） | 正課一名：海晏清（回童） |

---

31　《清代新疆檔案選輯》第29冊，光緒十七年七月，頁388-391。

32　同上注31，第30冊，光緒二十年，頁291-294。

33　「查該塾劉文中因年長改學廳署書吏，又武得壽逃學革出，另招楊長送、田潤家二名補入，合併聲明。」

| 年份　義塾 | 光緒十七年夏季分[31] | 光緒二十年秋季分[32] |
|---|---|---|
| 托克遜義塾 | 附課三名：保思古（纏童）、托和笛（纏童） | 副課四名：伊敏提（纏童）、保思達（纏童）、由子敏（纏童）、伊鴻（纏童） |
| | | 額外附課五名：文林（纏童）、顏志敏（纏童）、詩歌德（纏童）、薛多烈（纏童）、阿世奇（纏童） |
| 魯克沁義塾 | 正課三名：沙明珠（纏童）、師勉益（纏童）、甲羅紅（纏童） | 正課一名：郁文確（纏童） |
| | 附課三名：玉元音（纏童）、牙第補（纏童）、郁文確（纏童） | 副課四名：沙明珠（纏童）、梅和羮（纏童）、卓福邁（纏童）、牙月梯（纏童） |
| | 額外附課三名：裁娑寶（漢童）、薩藝國（纏童）、能試之（纏童） | 額外附課五名：能試之（纏童）、何振光（纏童）、薛藝國（纏童）、沙覺可（纏童）、玉元度（纏童） |
| 三堡義塾 | 正課三名：魚學詩（纏童）、種□（纏童）、許有成（纏童） | 正課二名：桂馨（纏童）、許有成（纏童） |
| | 附課四名：文運昌（纏童）、明敏（纏童）、華貴（纏童）、鬱才（纏童） | 附課四名：文運昌（纏童）、鬱才（纏童）、時敏（纏童）、郁文（纏童） |
| | 額外附課三名：郁文（纏童）、文運隆（纏童）、來則悅（纏童） | 額外附課二名：文育英（纏童）、桂林枝（纏童） |

| 年份<br>義塾 | 光緒十七年夏季分[31] | 光緒二十年秋季分[32] |
|---|---|---|
| | | 不列卷二名：宗炳臣（纏童）、慕華（纏童） |
| 辟展義塾 | 正課二名：胡達士（纏份生）、兼服古（纏童） | 正課二名：胡達士（纏份生）、葉服古（纏童） |
| | 附課二名：駱和達（纏童）、哈題名（纏童） | 副課五名：駱和達（纏童）、沙吉人（纏童）、羅子雅（纏童） |
| | 額外附課二名：羅子雅（纏童）、沙吉人（纏童） | 額外附課六名：于學海（纏童）、米誠子（纏童）、案汝勵（纏童）、王松齡（漢童）、游義臧（纏童）、查緝照（纏童） |
| 漢墩義塾 | 正課三名：屋蔭松（纏童）、米家山（纏童）、安能慮（纏童） | 正課二名：屋蔭松（纏童）、安能慮（纏童） |
| | 附課三名：阿應選（纏童）、艾學書（纏童）、漢文煥（纏童） | 副課四名：米家山（纏童）、阿應選（纏童）、漢文煥（纏童）、柯達洪（纏童） |
| | 額外附課三名：何選洪（纏童）、師汝翼（纏童）、漢興學（纏童） | 額外附課四名：師汝翼（纏童）、阿古訥（纏童）、沙布德（纏童）、沙立德（纏童） |
| 連木沁義塾 | 正課三名：沙吉提（纏童）、克復初（纏童）、和羅板（纏童） | 正課一名：沙吉提（纏份生） |
| | 附課二名：文思安（纏童）、咎事提（纏童） | 副課四名：和羅板（纏童）、霍賢俊（纏童）、羅志中（纏童）、文思安（纏童） |

| 年份　　義塾 | 光緒十七年夏季分[31] | 光緒二十年秋季分[32] |
|---|---|---|
| | 額外附課二名：霍賢俊（纏童）、羅志申（纏童） | 額外附課四名：羅子信（纏童）、鐵木耳（纏童）、文煥章（纏童）、楊子忠（纏童） |
| | | 不列卷一名：運昌（纏童）[34] |
| 綜計 | 以上考取十七年夏季分各塾正課二十一名，附課二十二名，額外附課二十一名。 | 再查卑廳各塾課額隨時酌取，並無定數，茲照章考取各塾正課十二名，副課三十一名，額外附課三十五名，不列卷三名，合符前數。 |

據上表，我們可以看出吐魯番八所義塾中，維吾爾學童占據絕對比例，這與當初設立義塾的初衷完全吻合，到了光緒二十年，維吾爾學童在吐魯番新老兩城義塾中也占有絕對多數。吐魯番廳八義塾似乎亦無明確規定的學生數額，但根據以上兩組數據，大概每塾八至十四人左右。從每塾學童的編制來看，應該參考了清代府、州、縣學的規制，將義塾學生分為正課、附（副）課及額外副課三種，但光緒二十年某些義塾甚至有「不列卷」的學童。這三類學生通過每年的四季考課分為優劣而有所升降。更有意思的是，義塾中的維吾爾學童多為漢式名字，如魚學詩、羅志申、楊子忠、艾學書、慕華、許有成等等，如不注明其維吾爾學童身份，肯定會誤以為漢、回學童，至於這種稱謂，很容易理解，如同今日英文專業的中國學生一般都有英文名稱一樣，但魚學詩、羅志申、楊子忠、艾學書、慕華、許有成等姓名的選取，應該是塾師的傑作。透過這些姓名的選取，我們可以看到義塾教育對維吾爾學童所寄予的學業有成、詩書顯達、仰慕文化的期望。

---

34 「查該塾咎易提因多病出塾，另招運昌一名補入，合併聲明。」

## （三）按月發放束修銀

　　學童的束修銀兩有時也稱為膏火銀，這是當時劉錦棠「仿照內地書院章程，取其粗知文義者，按月酌給膏火銀糧，以示獎勵」[35]的結果，並有發放章程可循。光緒十年省府就吐魯番當局發放修金問題指出「該廳義學八堂，據稱三堡、魯克沁、漢墩、連木沁四塾均纏童，老城一塾盡係回漢，新城參用纏童四名，托克遜、辟展參用回漢二、三名，其參用回漢各童僅二名者照章應照纏童一律給獎，該丞於新城、托克遜、辟展各塾分注正課，纏童黎克恭羅子、美胡達土等每月各給銀一兩，自是分別纏漢辦理，而附課纏童何以只月給銀四錢，魯克沁漢墩連木沁三堡各塾概係纏童，何以正課只月給銀六錢，附課只月給銀四錢，既與定章不符，又復自相矛盾，不解是何辦法」[36]，可以看出省府批駁吐魯番未能按章發放，雖然具體的發放章程我們尚未在檔案中找到，但我們可以從光緒十六年的數據略窺一二：

　　　一、發過各塾學童夏季分正課湘平銀五十九兩四錢，內新城、
　　　　　老城、托克遜、魯克沁、辟展、三堡、漢敦、連木沁共八
　　　　　塾，每塾正課，照章俏生每名月給課銀一兩二錢，纏童每
　　　　　名月給課銀一兩，伴讀回童每名月給課銀一兩，漢童每名
　　　　　月給課銀六錢。夏季分考取各塾學童正課內俏生二名，纏
　　　　　童一十三名，伴讀回童二名，漢童四名，共二十一名，自
　　　　　四月分起至六月底止，計三個月分別發給，合符前數。
　　　一、發過各塾學童夏季分附課湘平銀三十八兩四錢，內新城、
　　　　　老城、托克遜、魯克沁、辟展、三堡、漢敦、連木沁共八

---

35 劉錦棠著、楊雲輝校點：《劉錦棠奏稿》卷11「擬將義塾學童另行酌獎備取俏生折」，光緒十二年八月十八日奏（長沙市：岳麓書社，2013年），頁367。

36 《清代新疆檔案選輯》第28冊，光緒十年十二月二十七日到，頁403。

塾，每塾附課，照章佾生每名月給課銀八錢，纏童每名月
給課銀六錢，伴讀回童每名月給課銀六錢，漢童每名月給
課銀四錢。夏季分考取各塾附課內纏童一十七名，伴讀回
童一名，漢童五名，合共二十三名，自四月分起至六月底
止，計三個月，按月分別發給，合符前數。[37]

據上，可知並非三類學童都可獲得修金銀兩，額外附課被排除在外，
即便在同一層次的正課或者附課內部也有區分，但可以確定的是，維
吾爾、回族學童的銀兩明顯高於漢童學生，尤其表現在正課維吾爾學
童幾乎比正課漢童多出一倍。

此外，官府每季還給各屬學童發放筆墨費用，以供習用，其發放
標準為「各塾學童夏季分紙筆墨湘平銀一百二十六兩，內新城、老
城、托克遜、魯克沁、闢展、三堡、漢敦、連木沁計八塾，每塾應月
給紙筆墨銀五兩二錢五分，自四月分起至六月底止，計三個月按月發
給，合符前數。」[38]這一切都說明官府始終將維吾爾學童的義塾教育
放在第一位，不僅在維吾爾學童束修銀兩上給予傾斜，還免費提供
紙筆墨等書寫工具。

## 三　激勵與關照

晚清中央和新疆政府為了在維吾爾孩童中推廣義塾教育，相繼制
定了一系列的激勵與關照措施。如在給維吾爾學童的束修銀兩中，佾
生所獲最多，正課佾生每名月給一兩二錢，附課每名月給八錢，如上
表光緒二十年連木沁義塾中的維吾爾學童沙吉提即是佾生。謹按，佾

37 《清代新疆檔案選輯》第12冊，光緒十六年七月初五日，頁207。

38 同前注39。

生係指「清代孔廟中擔任祭祀樂舞的人員，亦稱佾舞生、樂舞生。通常由學政在未錄取入學的童生中選充。文舞生執羽旄舞蹈，武舞生執干戚舞蹈。清代各府、州、縣學佾生設額三十六名，另有四名候補，以待缺席。」[39]即佾生屬於正規官學學額之一種，但問題是晚清南疆直到光緒二十八年才始設學額[40]，這種超前學額的存在該如何解釋。為此，我們有必要回顧一下晚清義塾的激勵措施。

早在光緒八年，劉錦棠在奏請裁撤回城阿奇木伯克等缺時附奏道：

> 此時建置南路郡縣，教職等官暫可不設，惟宜設法鼓勵，使回族爭奮于學，庶教化可期漸興。所有原設各塾，應由各廳州縣延師訓課，以小學、孝經、論語、孟子、大學、中庸、詩、經、易、禮、春秋教各回童。擬每歲令各廳州縣考試一次，有能誦習一經、塾諳華語者，不拘人數多寡，即送該管道衙門覆試，詳由邊疆大員援照保舉武弁之例，咨部給予生監頂戴，待其年已長大，即准充當頭目。[41]

針對以上建議，朝廷認為「回童誦習一經，熟諳華語，咨部給予生監頂戴之處，核與例案不符，應俟粗通文義時，再行酌設學額，憑文取進。若以該回眾等但須讀書認字，不必責其文理，應由該大臣另行酌給獎勵」，即熟悉漢語給予生監的提議不符例案，主張在設有正式府、州、縣學額後憑文取進，並且指示不必看重文理，只須讀書認字

---

39 顏品忠、顏吾芟、邸建新等主編：《中華文化制度辭典》〈文化制度〉（北京市：中國國際廣播出版社，1998年），頁610。
40 《清代新疆檔案選輯》第32冊，光緒二十八年，頁252-253。
41 劉錦棠：《劉錦棠奏稿》卷3「裁撤阿奇木伯克等缺另設頭目並考試回童分別給予生監頂戴片」，光緒八年七月初三日奏，頁89-90。

即可。[42]劉錦棠隨即與甘肅學政諮商，後者認為「查歷屆考試，于取進儒童之外，另案備取佾生，回童中有能誦習一經，熟諳華語者，經部議准其另行酌獎，可否仿照辦理，存俟設學後充作佾舞，免其府縣兩考，庶于例案無礙，亦足以示鼓勵」[43]，即建議放棄生監的鼓勵方案，待設學後充作佾生。但陝甘總督譚鍾麟仍認為「此事難期速效，應俟一二年後，再行察看」[44]，並將此提議奏咨朝廷立案。大約從那時起過了幾年後，至光緒十二年劉錦棠舊事重提：

> 迭據各廳州縣申賫季課卷本，核閱破承起講盡多可造之資。近日鄉民竟有帶領子弟懇求入塾者，是風氣漸開之候，擬即按照部臣、學臣原咨各節奏請辦理。然猶恐各塾課卷或有粉飾之弊，因于上年八月遴委揀選知縣任兆觀、即選教諭羅霽前赴南路各城面加考試，據稟各該童等多能誦習經書，講解文義，並賫呈課卷核與地方官所報尚屬相符。當飭每屬拔取一二名以憑咨送甘肅學臣衙門註冊，備作佾生，俟設學後，俾充佾舞，免其府縣兩考，合無仰懇天恩，俯念邊氓初知向學，准其變通辦理，備取佾生，仍俟學業有成，再設學官，議定學額，以符定制。臣為鼓勵邊氓起見，是否有當，謹會同陝甘總督臣譚鍾麟、甘肅學政臣秦澍春恭折馳陳，伏乞皇太后、皇上聖鑒，訓示施行，謹奏。[45]

---

42 劉錦棠：《劉錦棠奏稿》卷11「擬將義塾學童另行酌獎備取佾生折」，光緒十二年八月十八日，頁366-368。又見《清代新疆檔案選輯》第29冊，光緒十二年十二月，頁56-57。

43 同上注42。

44 同上注42，頁366-367。

45 同上注42，頁366-368。

即經過幾年後，南疆義塾學童已有了不少進步，劉錦棠擔心其中有粉飾之弊，派人前往南疆切實調查，最後發現並非粉飾情弊，所以奏請每屬選取一二名充當佾生，但與此前先設學額再取佾生的方案有所不同，這次變通辦理，即先「備取佾生」，然後「俟學業有成，再設學官，議定學額」，最後「軍機大臣奉旨，著照所請，禮部知道，欽此。」[46]此即前表中吐魯番纏童佾生之由來，實為激勵維吾爾學堂入學的專門激勵政策。

　　南疆雖然尚未設立學額，但省府為了鼓勵南疆學童向學，仍然給這些學童變相提供科舉考試的機會，以吐魯番為例，光緒十五年吐魯番當局接到省府飭令，於「隸吐各塾中揀選天資明敏文已成篇者若干名，無論土著客籍漢回纏童，希即傳諭飭令赴省肄業」[47]，吐魯番表示「伏查敝廳各塾諸生成篇者只有新城義學張為顯、劉馥馨、裴萬福、黨運昌等四名，遵即傳諭該眾父兄飭令赴省書院肄業，均已樂從，茲取具各童清供，擇于本月二十六日由廳備車輛起程赴省，相應備文移請貴府收錄，飭令就近入學，實為公便，再劉馥馨一名現已患病，未能隨同赴省，合併聲明，為此合移，請煩查照驗收賜復施行，計移送清折一扣」[48]，我們在檔案中找到了這份清折，其內容如下：

> 黨運昌：漢童，年二十一歲，自光緒五年入塾發蒙，現做文
> 　　　　章，原籍陝西汾州府汾陽縣。
> 裴萬福：回童，佾生，年二十一歲，自光緒五年入塾發蒙，現
> 　　　　做文章，原籍陝西西安府咸陽縣。

---

46　劉錦棠：《劉錦棠奏稿》卷11「擬將義塾學童另行酌獎備取佾生折」，頁366-368。
47　《清代新疆檔案選輯》第29冊，光緒十五年八月二十日，頁201。
48　同上注47，光緒十五年九月十一日，頁203。

張為顯：漢童，年十九歲，自光緒八年入塾發蒙，現做文章，
　　　　原籍四川綏定府大竹縣。

劉馥馨：漢童，佾生，年十九歲，光緒十年由喀喇沙爾義學入
　　　　塾，現做文章，原籍迪化府阜康縣。[49]

可見，能夠達到作文程度的學童均為自小接受漢語的漢、回學童，維
吾爾學童未能選入。但這並不意味著南疆其他地方也是如此，如光緒
二十八年，省府諭令「照得本年舉行鎮迪二屬歲科兩考院試，應由鎮
迪、伊塔、阿克蘇、喀什各道飭屬確實查明漢纏各義學佾生童生，如
有能自作文者，酌給川資車輛，速令起程，趕于五月內到省，在書院
肄業，屆期以便附入各縣學考試，除分行外，合行札飭，為此札，仰
該兼司即便轉飭吐魯番、哈密、庫爾喀喇烏蘇各廳遵照辦理，毋稍延
緩，仍將考試生童起程日期先行報奪」[50]，根據其後饒應祺的報告顯
示「除漢童外，計取入各學纏生童十名，回童三名，足見種族中皆有
聰穎可選之才，有教無類，其理相同」[51]，可見維吾爾學童也有優秀
者。正因如此，饒應祺乘機向朝廷奏請在南疆溫宿府、疏勒府設立學
額及訓導事宜，最後被批准。[52]總之，省府此舉意在激勵維吾爾學童
學習，即如時人評論「于歲科兩考擇其文理通順者，令地方官咨送到
省應試取進入學，俾有進身之階，其所以誘掖獎勵之者，不可謂不至
已。」[53]

　　除了以上制度性的激勵措施外，地方官府往往還會給予某些維吾
爾學童特別的關照。前表所列光緒十七年三堡義塾中有正課維吾爾學

---

49 《清代新疆檔案選輯》第29冊，光緒十五年十月，頁210。
50 同上注49，第32冊，光緒二十八年三月二十六日，頁214。
51 同上注49，第32冊，光緒二十八年，頁252-253。
52 同上注49，第32冊，光緒二十八年十二月十三日，頁253-254。
53 同上注49，第32冊，光緒二十七年十二月十一日，頁192。

童魚學詩，光緒十一年官府為了該學童的正常學習，為其排除一些干擾，特「諭二堡大爾瓜麻木提知悉，照得本府訪聞二堡纏民阿大烏納無故棄妻，致令伊子魚學詩在義塾讀書朝夕啼哭，查此事疊經出示嚴禁在案，該阿大烏納送子讀書，望子成人，敢故違禁令，蹈此惡習，殊屬可惡，飭該大爾瓜迅速查明，據實稟復，以便提案從嚴懲治，力挽頹風，諭到，該大爾瓜即便遵照查復，切切毋違，此諭。」[54]據此，魚學詩為二堡學童，但當地並無義塾，所以其就近在三堡義塾學習，但因父母發生婚姻問題，致使魚學詩不能安心讀書，整日在義塾啼哭，官府為了確保其安心讀書，便介入一個普通維吾爾家庭的婚姻問題，力圖避免其父母離異，影響孩童讀書。但遺憾的是，至光緒二十年，「查該塾魚學詩不守學規革去」[55]，但省府官員仍期望「魚學詩因不守學規被革，如尚有轉機，應仍招入，蓋此子天分甚好，棄之殊可惜耳。」[56]但其後並不見該童姓名，應該未能招入義塾。但在宣統年間卻成為辦理新式學堂的吐魯番廳勸學所總董。[57]

　　雖然正、副課學童每月會領到一定的束修銀兩，但對家庭貧苦者而言，這些束修銀兩仍顯不足。為此，官府有時會對那些品學兼優的維吾爾學童給予特別的額外關照，如光緒二十年巡撫陶模札文吐魯番廳，「世間僅有佳子弟因家寒不能卒業者，故許魯齋先生謂謀生亦學者要務，聞該廳艾學書資甚可造，而家貧親老，所得膏火不足資養贍，如果屬實，應由朱丞另行設法，俾得一意攻讀，或撥給官地若干畝更好，為纏疆造就一讀書人，比賑濟幾戶窮民功德尤應加倍，仰即

---

54　《清代新疆檔案選輯》第28冊，光緒十一年九月初八日，頁446。
55　同上注54，第30冊，光緒二十年，頁293。
56　同上注54，第30冊，光緒二十年，頁369。
57　參見王啟明：《晚清新疆吐魯番社會史研究——以地方首領和官辦教育為中心》（南京大學博士論文，2014年5月25日），頁135。

飭知」[58]，即巡撫陶模親自過問艾學書的學業及困難，並援引宋元儒學大家許衡的言語，說明學童生計是保障讀書的前提，為此諭令吐魯番廳解決其家庭困難，卑其一心讀書。二個月後，檔案顯示「案查前據該廳申遵飭劃撥纏童艾學書官地，並請另撥桂馨官地一案到司，當經批示在案，茲奉撫憲陶鈔由批開，三堡塾桂馨景況與艾學書相同，艾學書既經回王撥給地四十畝，應由前項充公地八十畝內再撥二十畝並回王所給，共得六十畝，俾資養贍，下餘充公地六十畝概撥與桂馨領種，以示鼓勵而昭平允，仰即遵辦具報，至艾學書提入廳署讀書，洵得內浮醫法，地方官肯如此用心，當無不成材者，鈔由批行等因，奉此合行札飭，為此札，仰該廳即便遵照辦理，此札。」[59]即吐魯番廳不僅分給艾學書官地，而且還被選入吐魯番廳署學習，並分給與之境況相同的正課纏童桂馨地畝，官府的這些舉措也受到陶模的肯定。稍後，辟展巡檢帶領艾學書、桂馨及當地頭目人等丈量劃分官地，並發給執照作為己業自行招佃耕種。[60]這兩個學童也不負眾望，據光緒十九年的報告，「三堡桂馨、魚學詩等小講清圓」[61]，二十二年考取義塾生童姓名表顯示艾學書及桂馨已是老城義塾的正課生童，二十五年仍為老城義塾的正課名額，如此看來兩人並沒有辜負官府及巡撫陶模的期望。

---

58 《清代新疆檔案選輯》第30冊，光緒二十年八月，頁265。

59 同上注58，第15冊，光緒二十年十月二十六日，頁16。

60 同上注58，光緒二十一年三月十二日，頁367。

61 同上注58，光緒十九年，頁133。

# 第三章
# 晚清新疆義學教材、考課與經費

## 一　義學教材

　　光緒五年（1879），喀喇沙爾善後局員黃炳焜「請添頒書籍以資回童誦讀」，左宗棠隨即批示「茲如稟發去《詩經》、《四書》各二十部，候餉局乘解餉便差搭解，仰即收領，轉飭各塾師勤加課讀為要。」[1]次年，左宗棠就「善後七大事宜」之一「分設義塾」詳解道：

> 以義塾言之：新疆勘定已久，而漢回彼此扞格不入，官民隔閡，政令難施，一切條教均藉回目傳宣，壅蔽特甚。將欲化彼殊俗，同我華風，非分建義塾，令回童讀書識字、通曉語言不可。臣與南北兩路在事諸臣籌商，飭各局員防營多設義塾，並刊發《千字文》、《三字經》、《百家姓》、《四字韻語》及《雜字》各本，以訓蒙童，續發《孝經》、《小學》，課之誦讀，兼印楷書仿本，令其摹寫。擬諸本讀畢，再頒行《六經》，俾與講求經義。迭據防營局員稟：興建義塾已三十七處，入學回童聰穎者多，甫一年而所頒諸本已讀畢矣。其父兄競以子弟讀書為榮，群相矜寵，並請增建學舍，頒發《詩經》、《論》、《孟》，資其講習。局員送閱各塾蒙童臨摹仿本，筆姿頗秀。

---

[1] 左宗棠：《左宗棠全集》第14冊，光緒五年「黃炳焜稟請清丈情形並請添頒書籍以資回童誦讀等請由」，頁479-480。

並稱蒙童試誦告示，皆能上口；教以幼儀，亦知領會。蓋讀書既可識字，而由音聲以通言語，自易為功也。張曜因出《聖諭十六條附律易解》一書，中刊漢文，旁注回字刊發，纏民見者寶貴。足見秉彝之良，無中外可分，欲善則善，理有固然，雖不必侈言化民成俗，而其效已可睹也。[2]

可見，官府頒發給義塾的教材大概分為三類：第一類，以《千字文》、《三字經》、《百家姓》及《四字韻語》、《雜字》為代表的兒童啟蒙識字讀本；第二類，以《小學》、《孝經》及「六經」與《論語》、《孟子》等為代表的深入讀本；第三類，以《聖諭十六條附律易解》為代表的雙語清朝法律讀本。但義塾教材並不僅限於這些書籍，此後還在不斷豐富，同年七月左宗棠又給吐魯番當局如下札文：

照得邊方禮教未明，人民不知大經大法，以致泯棼齊漸，無所遵從，將欲化行俗美，一道同風，其必由禮矣。茲校刊《吾學錄》一書，列為上下卷告成，頒發新疆各塾，庶幾絕徼編氓共霑聖化，而朝廷不忍鄙夷其民之至意，家喻戶曉，由是推之，而准古治無難復睹，于今北路除發交鎮迪道及各地發官祗領轉給士民遵行外，並酌發各提鎮協營督飭各塾師敬謹傳授生徒外，其南路八城發交各善後局員分飭各塾師隨時講習，務使義塾生徒咸能體會禮意，講習儀則，久之必有成效可睹，如所委各員視為不急之務，玩忽縱事，咎有攸歸，除分行外，合行檄飭，為此札，仰該署丞即便遵照，此札。計發《吾學錄》三十部。[3]

---

2 左宗棠：《左宗棠全集》第7冊，光緒六年四月十七日「辦理新疆善後事宜折」，頁519-520。

3 《清代新疆檔案選輯》第28冊，光緒六年七月，頁182。

吐魯番當局接到後，轉發新老兩城義學各六部、托克遜義學三部、巡檢一部，餘者存房。[4]謹案，《吾學錄》係清人吳榮光所編，全書分為典制、技術、風教、學校、貢舉、戎政、仕進、制度、祀典、賓禮、婚禮、祭禮、喪禮、律例十四門，簡述清代典禮制度。[5]所以左宗棠刊發此書，也許並非全本，但意在令學童閱讀，達到「絕微編氓共粘聖化」。到了光緒八年，又有新的教材到來，如劉錦棠札吐魯番廳「照得後路解到《童子進學解》、《四書備旨》、《三字錦》各書籍，應開單札飭哈密軍裝局照數分提，遇便搭解南北兩路各廳州縣善後局收存，以便義學隨時請領，《康熙字典》一書每處並解發一部，應存諸公署以備查考，嗣後即列作流交，毋得遺失」[6]，即新疆當局在繼續豐富教材的同時，還規定這些備用書籍不得遺失，要作為離任與接任官員的交接內容。光緒二十年，吐魯番廳請求鎮迪道頒發一批義學教材，後者批示「應飭經理官書左委員檢發《小學》三十部、《詩經》二十部、《書經》十部、《四書》二十部、《雜字譯回》四十部、《弟子規》三十部、《五字鑒》四部、《初學》二部、硯池四十方，呈由藩司遇便搭解該廳以資散給」[7]，可見仍以啟蒙讀物為主。至於交接書籍的內容，此處以光緒二十三年吐魯番直隸撫民府朱冕榮的移交事為例，以探義塾教材之概貌，據朱報告：「茲將敝任內接收前任移交各項書籍並敝任內請領備發各義塾書籍理合繕具清冊移請查核，須至冊者，計開」[8]：

---

4　《清代新疆檔案選輯》第28冊，光緒六年七月，頁182。

5　鄭天挺、吳澤、楊志玖主編：《中國歷史大辭典》上卷（上海市：上海辭書出版社，2000年），頁1416。

6　同上注5，光緒八年四月，頁243-244。

7　同上注5，第30冊，光緒二十年二月初七日，頁190。

8　同上注5，第31冊，光緒二十三年四月，頁219-220。

一、五軍道里表貳部計拾捌本

一、吏部處分則例貳部計貳拾本

一、戶部則例計伍拾陸本（未訂）

一、戶部則例陸部計陸拾本

一、禮部則例肆部計貳拾肆本

一、吏部驗封司壹部計肆本

一、吏部稽勳司壹部計叁本

一、禮部銓選則例貳部計貳拾壹本

一、大清通禮貳部計壹拾貳本（不全）

一、大清律壹部計叁拾貳本

一、各國條約貳拾貳本

一、大英國志計貳本

一、試等條款壹本

一、折獄龜鑑貳本

一、清書貳拾本

一、洗冤錄壹部（存刑房）

一、四書叁部（無存）

一、詩經拾肆部（存伍部）

一、春秋拾部（有叁部不全）

一、聖諭計貳拾八本

一、禮記陸部（無存）

一、課程計捌拾伍本

一、雜字譯回玖本

一、四書備旨計叁部（無存）

一、吾學錄壹部（只貳本）

一、詩韻含英計貳本

一、理學宗傳壹部

一、小題拆字計肆本

一、神訓肆篇貳部

一、初學文範壹本

一、三字錦壹部

一、御制勸善要言壹本

一、小學叁部（無存）

一、弟子規貳本（無存）

一、書經叁部（無存）

據上，開列三十五項，當然其中也包含官府辦公用書，而且有些書籍不全，但《洗冤錄》以下書目全部與義塾教學有關，總數為十九種，其中除「課程」應該屬於類似課程表之外，其他均為教學書籍。換言之，義塾用書占官府藏書的一半還多，這再次說明義塾教育的重要，而且一些常用義學教材，如《小學》、《弟子規》等書官府無存，是否從側面也說明義學對這些書籍需求之大。在維吾爾學童的義塾教育中，最基礎的莫過於識字讀書，學習漢語，即所謂的「但須讀書認字，不必責其文理」[9]，但對於完全不懂漢語的維吾爾學童而言，學習漢語還得借助通事及必要的雙語教材，正如陶模在《整頓義學章程》中所指，「師生言語不通，教何從入，初入塾者，自以令學漢語為先，塾中如向有通事，自易為力，若無通事，即令能說漢話之年長生童傳語教之，初讀之書即讀《雜字譯回》一冊，漢話略通漢字略識，他書可以次授讀。」[10]所謂《雜字譯回》或許與今藏中國社會科

---

9　劉錦棠：《劉錦棠奏稿》，光緒十二年八月十八日「擬將義塾學童另行酌獎備取佾生折」，頁367。

10　《清代新疆檔案選輯》第36冊，光緒十八年，頁128。

學院民族研究所圖書館的《漢回合璧》屬於同類書籍。根據陳宗振的研究，《漢回合璧》係光緒六年孫壽昶所編的一部漢語—維吾爾語對照詞彙集，該書自序中有「幫辦軍務錢唐張公駐軍溫宿屬壽昶編輯《漢回合璧》一書，就漢文中至淺至近之字，有事可指有物可名者，依類成句，注以回語，譯以回字，俾各塾習是者由回語以明漢語，即由回文以明漢文。」[11]其書內布局如下圖[12]：

陳宗振統計該書共有一○五六個漢字，並認為該書詞彙編與明代《高昌譯語》相似。但片岡一忠據東洋文庫藏本，統計漢字總數為九二四字，也指出該書與明代《華夷譯語》及清代《五體清文鑒》一樣，分

---

11 轉引自陳宗振：〈漢回合璧研究〉，《民族語文》1989年第5期，頁49。
12 同上注11，頁72。

為天文、地理、時令等門類，並認為該書為後世所謂的《漢維辭典》的最早袖珍詞彙集。[13]至於兩者統計漢字數目的不同，因筆者未能寓目該書原稿，尚不知確切字數，也許兩位學者所據版本也有差異，有待日後研究。《漢回合璧》均以單個「雜字」的形式出現，而《五體清文鑒》並不侷限於單個「雜字」，更多以「詞彙」呈現，因此筆者認為雜字譯回》應該就是《漢回合璧》的通俗稱謂。如果此論成立，便可以回答片岡一忠關於其頒布範圍不明的問題，即《雜字譯回》在整個南疆都有使用。另外，值得注意的是，《漢回合璧》的內容提示我們該書很有可能幫助漢人學習回語，否則就不會用漢字音寫回語，如「馬」的回文讀作「阿提」。果真如此，則《漢回合璧》便成為回漢互學的重要證據，該書也將成為真正意義上的雙語教材。在教學過程中，陶模還強調「《雜字譯回》於回民字體及各土語恐有訛誤，塾師隨時考證明確，隨時更改。」[14]即在教學過程中發現訛誤，隨時修正。學童使用這些教材總的原則是先易後難，巡撫陶模對此闡釋道：

> 初讀之書即讀《雜字譯回》一冊，漢語略通漢字略識，他書可以次授讀。惟念邊地童蒙質性渾樸敦厚，從日用行習中教以倫常，當能逐漸開其心智，若教之作文作詩，轉恐格格不入，舍易圖難，師生兩覺其苦。今令于《雜字譯回》熟後，先讀《弟子規》，其餘無論長幼，概令以《朱子》、《小學》為主，熟讀詳說，身體力行，則為人之根本立矣，為學之基址端矣，然後以《四書》進之，《小學》講解既明，《四書》自易通曉，又隨時為講《聖諭廣訓》，得此數書，終身由之不能盡者，如有天

---

13 片岡一忠：《清朝新疆統治研究》，頁204。

14 《清代新疆檔案選輯》第36冊，光緒十八年，頁129。

資聰穎，再能兼通他經，根底深厚，能為詞章，若文若詩，自
可次第教之。[15]

即維吾爾學童應先以《雜字譯回》為識字讀本，有一定的漢語知識
後，再讀《弟子規》、《朱子》、《小學》為人之根本，最後再讀《四
書》等內容，在整個讀書環節中還要不時講解《聖諭廣訓》，這樣由
淺到深逐步學習，達到識字、學習倫常目的。

## 二　四季考課

有了以上諸教材的配備，官府對學童的學習成績也要不時進行考
核。有關學童的具體讀書情況，我們以光緒二十一年連木沁義塾教讀
楊偉章所造該塾「生徒年歲自入塾至本年春季課程及所讀書籍分別生
熟」清折為例：

> 霍賢俊：年十六歲，十二年入塾，已讀四書、小學、國風、小
> 雅，現讀大雅至假樂四章止，作起講對語三言。小學上本國國
> 風下本生，餘均熟。
> 和羅板：年二十歲，九年入塾，已讀四書、詩書、小學，現讀
> 禮記檀弓下，至其言吶吶然，如不出諸其口止，作承題對語三
> 言。書經第三四本、小雅小學下本生，餘均熟。
> 羅志申：年十九歲，十二年入塾，已讀四書、小學、國風，現
> 讀小雅至桑扈四章，止作承題對語三言上。中孟、小學上本中
> 後生，小學下本前多半生，餘均熟。

---

15 《清代新疆檔案選輯》第36冊，光緒十八年，頁128-129。

文思安：年十八歲，十二年入塾，已讀四書、小學上本，現讀小學下本至善行公權屬以為言仲郢，終不以官達有小改止，作破題對語三言。中下孟、小學上本中段生，餘均熟。

羅子信：年十三歲，十七年入塾，已讀弟子規、雜字譯回、論語、小學上本，現讀小學下本至善行，其他不敢不慎乃所以求知也止，全熟。

鐵木耳：年十一歲，十七年入塾，已塾〔熟〕弟子規、雜字譯回、論語、小學上本，現讀小學下本至善行，有三年不歸侍者斥之止，全熟。

文煥章：年十二歲，十七年入塾，已讀弟子規、三字經、雜字譯回、論語、小學上本，現讀小學下本至嘉言久自得之非偶然也止。雜字譯回、小學上本生，餘均熟。

楊子忠：年十一歲，十七年入塾，已讀弟子規上，論語、小學上本，現讀小學下本至嘉言，將來涵養成甚生氣質止。小學上本、論語前多半生，餘熟。

運　昌：年九歲，二十年入塾，已讀弟子規，至置冠服有定位止。

何道坦：年八歲，本年正月二十二日入塾，現學漢語。

以上學童十名內，不列卷一名，計附紅格卷四本，無格卷五本。[16]

以上十名學童，除了鐵木耳、和羅板為比較明顯的維吾爾學童姓名，其他八名如果僅從姓名來看，讀者很容易誤解為漢童或者回童，但連

---

16 《清代新疆檔案選輯》第30冊，光緒二十一年三月初八日，頁362。

木義塾生童實際上全為維吾爾學童[17]，其最年長者二十歲，入塾已經十二年，最小者八歲，入塾才半年。其所讀書籍難易程度基本上與入塾時間相一致。而生童的考試內容，我們可以從光緒十九年六月上報的「各塾課題」[18]中窺知：

> 老城：君子信而後勞其民
> 新城：君子博學于文
> 托克遜：君子病無能焉
> 魯克沁：君子義以為質
> 辟展：君子務本
> 三堡：君子懷刑
> 漢墩：君子學道則愛人
> 連木沁：君子篤于親

可知以上考試題目均為儒家言說，由於未見學童試卷，我們無法直接觀察其答卷情況，但《新疆圖志》在批評義塾教育時，提到「所遣教習大都內地游學隨營書識，授以《千字文》、《百家姓》，以次授以對字作八比」[19]，由此看來，學生的答卷應該按照傳統科舉考試的八股文形式作答。檔案中也有少量記載，如光緒十年吐魯番同知黃炳焜報告「前月初間，因公下鄉，乘便徧為查驗各塾童，雖智愚不一，讀書多少不齊，而每塾中資質可造，四書、詩經各讀過二三四本、四五本不等，及學做破承題聯語者亦有數人，其餘次者背書寫字認字及解字

---

17 詳見第一章。

18 《清代新疆檔案選輯》第30冊，光緒十九年六月初八日，頁111。

19 王樹枏等纂修、朱玉麒等整理：《新疆圖志》中冊（上海市：上海古籍出版社，2015年），頁695。

義均不似從前之頑劣，以歷久犺榛之邦，亦得漸啟文明之象」[20]，可見答題方式雖為八股文，但識字教育仍取得可喜的成果。

官府對學童試卷考核後，還要進行每季度的學童課額劃分及榜示等等，即所謂的「四季考課」，因筆者已在前面章節中集中討論，此處擬從考課過程及落實情況再加補充。光緒十年，吐魯番官府申覆「按季考課一法在○廳尤應遵照辦理，俾得隨時有所觀感，庶勤者日勤，惰者不復惰……至八月起按照正附額外三課分別取錄，作為秋季課額，從八月起至九月止照章發給正附課兩個月膏火麵斤，屆期造冊並課卷呈核，此後遵照定章按季考取課額，每月仍另考一次，照常酌給花紅，以仰副憲臺作育人材之至意」[21]，而所謂的「正、附、額外三課」取列的標準為「各屬季課按十人取七之例推廣計算，每塾十四人，應取三正、三附、四額外」[22]，此課額也是官府發放學生不同束修銀兩的依據。但對於南疆學童而言，往往課額標準會適當放寬，如和闐直隸州，省府就飭諭「季課膏火原議十人取七，每塾十四人即可按照此例推廣計算，其目前文藝不能遽符原議者，無妨稍予從寬，亦經批行有案，該州署內一塾如果文藝甚佳，本應推廣考取，何云過額，哈拉哈什一塾及西門外一塾，據稱或僅取其半，或十取其三，自係文藝不足之故，此等學徒正課無起講破承，即破題亦可，附課無破承破題，即對語亦可，推之額外附課無不皆然，惟默寫不端，背書不熟，漢話不明者不准濫行取入，方足以示勸懲。」[23]據此，課額的標準就是達到破承、破題等程度，但最差也要能夠明白漢語、默寫漢字及熟練背書等。到了義塾後期，檔案中多有義塾考課名次的排列，如

---

20　《清代新疆檔案選輯》第28冊，光緒十年六月，頁371。
21　同上注20，光緒十年六月，頁371。
22　同上注20，光緒十年十二月二十七日到，頁403。
23　同上注20，光緒十年九月初十日，頁394。

光緒二十五年吐魯番同知開具「冬季分老城、漢墩義塾生徒分別次第
開列姓名酌給獎賞」清折，名次如下：

> 老城義塾：
> 第一名：張文炳（漢童）、張錫庭（漢童）、陳有餘（漢童）、
> 徐志成（漢童）、李文才（漢童）、辛元泰（漢童）、何紹忠
> （漢童）、高榮昌（漢童）
>
> 漢墩義塾：
> 第一名：米家山（纏童）、漢文煥（纏童）、葉服古（纏童）、
> 何達洪（纏童）、師汝翼（纏童）、吳篤忠（漢童）、沙立德
> （纏童）、李光烈（漢童）
> 以上共取課十六名[24]

相比前期義塾學童的構成，至此時義塾即將裁撤之際，本為維吾爾學
童的漢墩義塾已有漢童獲獎，而老城義塾酌獎名單卻不見維吾爾學童
姓名，雖不能斷言老城義塾沒有維吾爾學童就讀，但維吾爾學童與同
塾漢回童學業上的差距顯然是存在的，一個從小就接受漢文教育的漢
回學童自然要比甚少接受漢語教育的維吾爾學童獲獎機會更大。

## 三　義學經費

　　義學本為免費教育，至清代義學盛行，其經費主要來源於地租。[25]

---

24 《清代新疆檔案選輯》第32冊，光緒二十五年十二月，頁37-38。
25 鄭天挺、吳澤、楊志玖主編：《中國歷史大辭典》上卷，頁197。

當義學於晚清時期大興於新疆之時，其義學經費幾何，來源於何項出款，這是我們不得不回答的問題。光緒十八年，陶模在準備整頓新疆義學時，言及「查自設學至今，已費過帑銀三十餘萬兩」[26]，此其總數，接著陶模又言「統計新省各義塾歲費銀三萬數千兩，每塾塾師修金火食雜費僕從，每年約需三百金或五百金之多」[27]，這是針對每年每塾師的費用而言，但並未言及每塾的具體開銷，以及經費的詳細來源。以下仍以吐魯番為例，試分析之。

　　早在光緒四年吐魯番新老兩城開辦義塾之時，「其塾師修金柴糧等項，本府查臨城左近有公地百畝，牙爾湖有坎井一道，所收租課存倉變價，每塾師一位每月各供給小麥二斗、高糧二斗，每月各送修金八兩，按月供應，不得長支短欠，其柴薪一項由炭窯每年各撥送二萬二千斤」[28]，但這種經費來源當時似乎尚未成為定制，因為次年托克遜義塾塾師反映「以後無人清送學費，其抽收炭稅尚未定章，只有提歸義田，已種高粱二百餘畝，著生派人照料收穫，以准一年學費，倘有羨餘，酌奪獎勵童蒙購買紙筆，以期久遠」，塾師事後報告「隨僱工監收，分得高粱三十九石一斗，芝麻八斗，四蘇木坤都忽將糧石擋入伊倉，推諉任委弁，任姓與生並未見面，自九月以至年終，四月之久，未用升合糧石，其火夫工銀外欠口糧之債，催逼過繁，生問蘇木等動用糧石，坐視不理，勢力世界」[29]，可知這種義田招租在當時很不穩定，而且並非吐魯番個案，如光緒五年左宗棠批示喀喇沙爾義學經費籌集辦法，「至修金、火食不敷，擬於各處修店一二所，歲收租息以充經費；並撥公田，飭纏童家分派代耕，以十一為牛力人工之

---

26　《清代新疆檔案選輯》第36冊，光緒十八年，頁127。

27　同上注26，光緒十八年，頁129。

28　同上注26，第28冊，光緒四年十一月十五日，頁138-139。

29　俱見《清代新疆檔案選輯》第28冊，光緒五年新二月初一日，頁142。

費，餘亦撥歸各塾，應照所請辦理。」[30]足見，興修住店取租也是一種經費來源方式。大概光緒十一年左右，關於義學經費的來源被確定下來，即「義學一項前經本司于酌議各□交代案內詳請就地籌款，應由各屬查明每年應需數目專案詳候定章辦理」[31]，吐魯番直隸廳同知黃炳焜的解決之道如下：

> ○○再四思維，無款可籌，惟查有先年駐吐領隊大臣官馬草廠大河沿暨托克遜之峽爾蓋斯山兩處，舊章按每羊百頭抽收草頭羊一隻，每年只抽收一次，牧羊之戶歲無定額，羊隻亦多寡不一，前經派人查□，現在牧羊之戶二百餘戶，羊隻四萬餘頭，□計能收數百金之譜，諭令該各羊戶照舊完納草頭羊稅，羊戶均皆悅從，第抽收章程或照舊章抽□羊隻，或照時價折收銀兩，應稟請憲臺核示。又查○屬義學八堂歲需塾師束修暨給發學童筆墨紙張季課膏火獎賞等項共銀三千餘兩，除歲收房課一千二百餘兩外，不敷甚巨，此項羊稅雖為數無多，不無小補，○○先擬著派□人前往徵收，現因交卸在即，應懇飭知龍署丞接篆後查明實數，酌擬繳收，所有○廳籌收草頭羊稅以作義學經費緣由是否有當，靜候核奪飭遵，肅此，具稟。[32]

據上，省府議定地方義塾的經費由當地自籌，但吐魯番廳表示，實在無款可籌，而吐魯番八所義塾每年各項費用共計約需三千餘兩，最後只得尋找經費，主要來源為房課及托克遜峽爾蓋斯山的草頭羊稅收

---

30 左宗棠：《左宗棠全集》第14冊，光緒五年「黃炳焜稟請清丈情形並請添頒書籍以資回童誦讀等請由」，頁480。

31 《清代新疆檔案選輯》第79冊，光緒十二年五月二十四日，頁251。

32 同上注31，光緒十二年五月二十四日，頁251-252。

入。關於抽收草頭羊稅作為義塾經費的來源，筆者已在吐魯番郡王內容中詳細論述過[33]，此處不再贅述。即便有了這兩項收入，義塾開支仍有不敷，如何解決？光緒十六年吐魯番同知造報一歲義塾經費收支數據或許能夠回答我們的疑問，內容如下：

> 舊管：無項。
>
> 新收：收穫房屋地租湘平銀一千二百一十五兩、收穫草頭羊稅湘平銀六百五十八兩九錢八分、領獲藩庫湘平銀一千一百八十六兩四錢二分，以上共收湘平銀三千六十兩四錢。
>
> 開除：發光緒十四年分各義學經費湘平銀三千六十四兩四錢。
>
> 實存：無項。
>
> 前件，查前項所有收支各款銀兩按季造冊報明，奉准批文在案，其中並無虛浮情弊，理合登明。[34]

據上引材料，吐魯番不敷經費湘平銀一千一百八十六兩四錢二分來自省府藩庫。如果根據以後每季造報的數據來看，這筆不敷銀兩確實來自省府的變相支援，如光緒十六年「不敷夏季分經費湘平銀四百六十兩二錢二分，查上項不敷銀兩向系列入善後項下冊內報銷」[35]，換言之，義塾經費的絕大部分靠地方自籌。具體到吐魯番，主要為房課與草頭羊稅收入，不敷部分則從省府發給各地的善後經費項下報銷，其實質為省府的一種變相援助，這也是新疆地方財力有限的真實寫照。

　　這筆義塾經費主要用於塾師、生童、雜夫及筆墨費用的開支，與四季考課一樣，義塾經費的開支也按照四季造報，其具體開支情況，

---

33　王啟明：〈晚清吐魯番郡王經濟權益研究〉，《中國邊疆史地研究》2017年第1期。

34　《清代新疆檔案選輯》第29冊，光緒十六年四月十二日，頁286。

35　同上注34，第12冊，光緒十六年七月初五日，頁207。

可從光緒十六年夏季分的數據中看出，如下：

舊管：無項。

新收：一、收新老城房屋四月分地租湘平銀一百一兩七分，五月分地租湘平銀一百一兩二錢六分，六月分地租湘平銀一百兩八錢五分，以上共收湘平銀三百三兩一錢八分。

開支：

一、發過各塾師夏季分束修湘平銀五百四兩，內新城、老城、托克遜、魯克沁、辟展、三堡、漢敦、連木沁計八塾，每塾師月支束修銀二十一兩，自四月分起至六月底止，計三個月按月支發，合符前數。一、發過各塾雜夫夏季分工食湘平銀三十五兩六錢，內新城、老城、托克遜、魯克沁、辟展、三堡、漢敦、連木沁共八塾，每塾用雜夫一名，每名月給工銀一兩五錢，自四月分起至六月底止，計三個月，內除小建一日不給外，照章扣算，合符前數。一、發過各塾學童夏季分紙筆墨湘平銀一百二十六兩，內新城、老城、托克遜、魯克沁、辟展、三堡、漢敦、連木沁計八塾，每塾應月給紙筆墨銀五兩二錢五分，自四月分起至六月底止，計三個月按月發給，合符前數。一、發過各塾學童夏季分正課湘平銀五十九兩四錢，內新城、老城、托克遜、魯克沁、辟展、三堡、漢敦、連木沁共八塾，每塾正課照章俏生每名月給課銀一兩二錢，纏童每名月給課銀一兩，伴讀回童每名月給課銀一兩，漢童每名月給課銀六錢。夏季分考取各塾學童正課內俏生二名，纏童一十三名，伴讀回童二名，漢童四名，共二十一名，自四月分起至六月底止，計三個月，按月分別發給，合符前數。一、發過各塾學童夏季分附課湘平銀三十八兩四錢，內新城、老城、托克遜、魯克沁、

辟展、三堡、漢敦、連木沁共八塾，每塾附課照章份生每名月
給課銀八錢，纏童每名月給課銀六錢，伴讀回童每名月給課銀
六錢，漢童每名月給課銀四錢，夏季分考取各塾附課內纏童一
十七名，伴讀回童一名，漢童五名，合共二十三名，自四月分
起至六月底止，計三個月，按月分別發給，合符前數。以上合
共開除各項湘平銀七百六十三兩四錢。

**實在**：不敷夏季分經費湘平銀四百六十兩二錢二分，查上項不
敷銀兩列入善後項下冊內報銷，理合聲明。[36]

以上便是吐魯番八所義塾一個季度的收支詳目，其他時間的情況與此
類似，只是這次收入中並無草頭羊稅來源，因為此時草頭羊稅已經改
歸吐魯番郡王抽收。[37]從義學經費開支內容可知，官府發放給維吾爾
學童的課銀要優渥於漢族學童，這再次說明晚清新疆義學教育主要面
向南疆維吾爾學童。

綜上，吐魯番義塾經費的來源與內地情況差異較大，至光緒三十
一年裁撤義塾時，時人指出新疆義塾經費的實質，即「南路裁併義學
經費向系由稅餘項下勉籌，並無的款」[38]，可見，南疆義塾不同於內
地義塾經費籌自民間，主要由官府所收的各項稅餘勉強籌辦，使本為
民間私學的義塾依靠官款維持，再次說明新疆官府對義塾的鼎力支
持，這也是晚清新疆官辦教育性質的由來。

---

36 《清代新疆檔案選輯》第12冊，光緒十六年七月初五日，頁207。
37 王啟明：〈晚清吐魯番郡王經濟權益研究〉，《中國邊疆史地研究》2017年第1期，頁
　　131。
38 同上注36，第32冊，光緒三十年正月二十一日，頁352-353。

# 第四章
# 清末新疆學堂教育機構的設置

　　有關清末新疆學堂教育的研究，首推片岡一忠的《清末新疆省における學堂建設について》的開篇之作[1]，其後中國學者大致從新政及教育兩個角度開始關注这一課題[2]，但無論對前人研究成果的吸收，還是資料的開拓，中國學者整體上都未能超越片岡的研究成果。由於此前資料的限制，中外學者的研究多為一些全疆性的成果，尤其在涉及地方學堂教育行政機構（勸學所）的構成、功能與成效；地方各類學堂的建設過程；學堂師資與經費、學生與教材及考生等方面，缺乏堅實可靠的細部研究與分析。

## 一　教育行政機構的設置

　　光緒二十四年（1898），隨著京師大學堂的設立，同年五月內閣奉上諭「前經降旨開辦京師大學堂，入堂肄業，其由中學小學以次而

---

1　片岡一忠「清末新疆省における学堂建設について」《社会文化史学》第12号，1975年，頁38-56；後又收入氏著：《清朝新疆統治研究》第六章第一節（東京市：雄山閣，1991年）。

2　新政角度主要有趙雲田：〈清末新疆新政述論〉，《新疆大學學報》1997年第1期；齊清順：〈論清末新疆「新政」——新疆向近代化邁進的重要開端〉，《西域研究》2000年第3期；王鳴野：《清季新疆二十八年——以軍政一體化為中心》第七章第二節，中國社會科學院博士論文，2005年。教育角度主要有馬文華：《新疆教育史稿》第一章第三節，烏魯木齊市：新疆大學出版社，1998年；朱玉麒：〈清代新疆官辦民族教育的政府反思〉，《西域研究》2013年第1期。需要指出的是，中國學者在論文中並未注意片岡一忠的貢獻。

升，必有成效可觀，惟各省中學小學尚未一律開辦，綜計各直省省會暨府廳州縣無不各有書院，著各該督撫督飭地方官各將所屬書院坐辦處所經費數目限兩個月詳查具奏，即將各省府廳州縣現有之大小書院一律改為兼習中學小學之學校」，另外「至如民間祠廟，其有不在祀典者，即著由地方官曉諭居民一律改為學堂，以節靡費而隆教育，似此實力振興，庶幾風氣徧開，人無不學，學無不實，用副朝廷愛養成材至意」[3]，可知清廷下令各省將書院改為兼習中小學堂及改建空閒祠廟為學堂是為了配套京師大學堂的建設工作。同年九月，吐魯番廳收到了新疆省府轉發而來的這道諭令[4]，但新疆似乎並未有任何實質性的進展。

光緒二十六年底，由於八國聯軍占領北京，逃至西安的慈禧太后以光緒皇帝的名義宣布「變法」，從此開啟了晚清最後十年的「新政」建設，而學校正是新政各項建設之一。次年八月，清廷在所謂的「興學詔」中飭諭各地興辦學務，培養人才，內容如下：

> 人才為政事之本，作育人才，端在修明學術，歷代以來學校之隆，皆以躬行道藝為重，故其時體用兼備，人才眾多。近日士子，或空疏無用，或浮薄不實，如欲革除此弊，自非敬教勸學，無由感發興起，除京師已設大學堂，應行切實整頓外，著各省所有書院，於省城均改設大學堂，各府及直隸州均改設中學堂，各州縣均改設小學堂，並多設蒙養學堂。其教法當以四書五經綱常大義為主，以歷代史鑑及中外政治藝學為輔，務使心術純正，文行交修，博通時務，講求實學，庶幾植基立本，成德達材，用副朕圖治作人之至意。著各該督撫學政，切實通

---

3 俱見《清代新疆檔案選輯》第31冊，光緒二十四年九月，頁301。
4 同上注3，光緒二十四年九月，頁300-302。

飭，認真興辦，所有禮延師長，妥定教規，及學生畢業，應如
何選舉鼓勵，一切詳細章程，著政務處咨行各省悉心酌議，會
同禮部復核具奏，將此通諭知之。[5]

閱讀「興學詔」主要有三項要求：一整頓京師大學堂、二改建各類大
中小學堂、三多設蒙養學堂，即從高到底興辦各類層次的學堂。至光
緒二十八年，清廷正式頒布了《欽定學堂章程》，但未及落實，就被
次年頒發的《奏定學堂章程》（即《癸卯學制》）所代替，各地遂據此
章程廣泛設置各類新式學堂，中國近代學校教育政策就此確立。

　　光緒三十一年，清朝廢除了科舉制度，設立新的教育機構──學
部，管理全國學堂教育。次年，學部即諮文新疆，「照得教育為富強
之基，一國有一國之國民，即一國有一國之教育，匪惟民情，國情各
有不同，即教育宗旨亦實有不能強合之處，現今振興學務，各省地方
籌建學堂責無旁貸」[6]，但新疆開辦近代學堂教育仍稍顯滯後，如上
文所述，光緒二十七年「興學詔」令各省改建大中小學堂，但新疆直
到光緒三十一年才就原有之博達書院改為高等學堂，至「三十四年提
學使杜彤到任，程度不及，改為中學堂，又以各屬小學堂亟宜擴充，
於是廣儲師範，選收纏生，並附設小學堂以為各屬之倡」[7]。實際
上，該高等學堂在杜彤到任之前充當著新疆學堂教育行政機構的功
能。新疆學堂教育的真正大發展時期主要在杜彤出任並抵達新疆提學
使之後，因而有必要探討一下新疆提學使的設立問題。杜彤在其到任
日期的奏折中報告：

5　朱壽朋編：《光緒朝東華錄》第4冊，光緒二十七年（1901年）八月乙未（北京市：
　　中華書局，1958年），頁4719-4720。

6　《清代新疆檔案選輯》第33冊，光緒三十二年十月二十二日，頁386。

7　《新疆省財政說明書》，《清光緒二十二省財政說明書》「陝西新疆卷」第二冊，全
　　國圖書館文獻縮微複製中心，2008年，頁373。

奏為恭報微臣到任日期叩謝天恩仰祈聖鑒事，竊臣于光緒三十二年四月奉旨署理新疆提學使，當即趨詣宮門具折謝恩，嗣于陛辭之日，仰蒙召見，跪聆聖訓，欽感莫名，隨即起程出京，航海赴日本考求該國興學之始基，以至近年發達之成效，內渡後取道直隸河南一帶赴任，關山線邈，寒燠載移，于光緒三十三年八月初四日始抵新疆，奉撫臣聯魁飭赴署任，因部頒印信未到，並札發木質關防一顆，以重職守，遵于初十日恭設香案望闕叩頭祇領任事。伏念臣津沽下士，知識庸愚，簪毫芸館，叨隨侍從之班，晉秩蘭臺，愧乏涓埃之報，茲權學篆，深惕冰淵。查新疆地處邊陲，學使職司教育，洗陋風而開文化，宜籌勸導之方，防流弊而慎初基，必戒浮華之習，舉凡聘用教員，選任僚佐調查學務，旌別屬官在在均關緊要，如臣愚昧，懼弗克勝，惟有勉竭駑忱，力圖報稱，隨時稟承撫臣，悉心籌畫，認真經理，不敢以職居攝篆，稍涉因循，以期仰答高厚鴻慈于萬一，所有微臣到任日期並感激下忱理合恭折叩謝天恩伏乞皇太后、皇上聖鑒，謹奏。光緒三十三年十月初一日奉朱批，知道了，欽此。[8]

以往學者在引用《新疆圖志》〈學校一〉杜彤興辦新疆學堂教育時，總會提及他前往日本考查教育的經歷，但未能說明考察是在任命之前，還是任命之後，現在可以確定杜彤是在接到署理新疆提學使的任命後前往日本的，因此從其任命到抵任，費時一年四個月的時間，除去路途時間，可以說杜彤前往日本考查就是為開辦新疆學務做準備。因係署任，待遇情況根據《新疆省財政說明書》的記載，「按提學使光緒三

---

[8] 《政治官報》（影印本第二冊，臺北市：文海出版社，1965年），光緒三十三年十月初六日第十七號，頁90-91。

十三年設置，係屬試署，無俸銀，養廉歲支庫平銀四千兩，公費歲支庫平銀四千兩，均照學部定章，按年由藩庫支給報部，歸內銷。」[9]

　　杜彤上任後，首先「照章先設學務公所為全省教育提綱絜領之區」[10]，而且「學務公所附設於學署之內」，並配備相應的一整套辦事人員。[11]其次，提出辦學宗旨三原則，即「曰求普不求高、曰用學務人厚薪不兼差、曰以次漸進不惑種人難于見功之說」[12]，新疆新式學堂教育就此全面展開。開辦半年後，杜彤又「分遣視學，往南北兩路察學務而黜陟之」[13]，因為「其切實興辦者固有其人，而敷衍支吾者諒亦不少，現擬派省視學分區周歷，詳細查考」[14]，為此專門擬定「省視學暫行簡章十四條」，詳細說明巡視學務的各種規定和要求，內容如下：

　　　　一、新疆通省分為六路。迪化府、迪化縣、阜康縣、孚遠縣、
　　　　　　奇臺縣、鎮西廳、哈密廳、鄯善縣、吐魯番廳為第一路；
　　　　　　昌吉縣、綏來縣、烏蘇廳、精河廳、伊犁府、綏定縣、寧
　　　　　　遠縣、霍爾果斯廳、塔城廳為第二路；婼羌縣、新平縣、
　　　　　　焉耆府、輪臺縣、庫車州、沙雅縣為第三路；拜城縣、溫
　　　　　　宿府、溫宿縣、烏什廳、巴楚州、伽師縣為第四路；疏勒
　　　　　　府、疏勒縣、英吉沙爾廳、莎車府、蒲犁廳為第五路；葉
　　　　　　城縣、皮山縣、和闐州、洛浦縣、于闐縣為第六路；凡各
　　　　　　視學人員周歷各屬，均應切勤謹將事，不得違漏稽延。

---

9　《新疆省財政說明書》，頁370-371。

10　《清代新疆檔案選輯》第35冊，宣統二年五月，頁56。

11　《新疆省財政說明書》，頁371。

12　王樹枏等纂修、朱玉麒等整理：《新疆圖志》中冊，卷38〈學校一〉，頁696。

13　同上。

14　同上注11，第70冊，光緒三十四年六月，頁156-157。

一、省視學每當離省之前，及查畢回省之後，均應在學務公所會議一次或數次，規定考查法及改良推廣法。

一、省視學各員非特考查已也，其未設學堂者應勸令及時興辦，其已設學堂而規劃未善者應勸令作速改良，在地方官同不得托故推延，任情違異，在視學員亦不得激烈償事，有傷大體，總期和衷商酌，俾臻妥善。

一、巡視各屬當查其學堂若干處，其課程規劃適當與否，教員、管理員稱職與否，講堂光線足用與否，卓橙尺寸合度與否，及學生之食宿有無利弊，經費之出入有無靡爛，均須查明列表呈本司察閱。

一、興學為行政之先務，地方官辦理善否，賞罰攸關，具有熱心興學成績卓著者宜獎勵之，其或業經稟明而實未開辦，或雖已經稟明開辦，俟開視學將至，始行招雇生徒，希圖蒙蔽，及假興學以牟利者，宜重懲之，均須查明專稟，由本司酌量辦理。

一、教育之發達視乎小學，小學之發達資乎勸導，考查各屬，如有未設勸學所者，亟應勸令籌設，照章開辦，其已開辦之處，則該處勸學所總董即應將各區學堂情形詳細陳述，隨即酌赴各區調查，分別優等中等下等據實稟報，其勸學員之優劣，即以小學之成效為準點。

一、小學以上之各項學校，考查所及每屬每校均應填寫表冊，於表後酌加評論，亦分優等中等下等，並詳述在該處如何計議，如何改良，為下次查視之地，所有各項表冊除呈本司查閱外，由該視學附寫一份為存根。

一、查畢一邑，應會集該地方印官紳董、闔邑學校職員宣布教育要旨，稟演述邑中，學校可以效法，及某校應如何改良，俾資激勸西底完全。

一、考查各校固應詳察學科，參核成績，尤宜于課餘試驗生
　　徒，以求實在。

一、具報日期限每查畢一處，具報一處，遇有重要事件，應專
　　稟請示，辦理尤重者密電稟報。

一、興辦學務籌款維艱，各屬如有閒款，為倉吏劣紳侵吞把持
　　者應訪查明確，稟知本司提歸學堂。

一、省視學周歷各區，除函牘報告外，仍應將途日查辦之事件
　　及曾經考查地方風氣之通塞另書大略于日記，俟查畢回省
　　時呈本司查核。

一、凡于學務有關係之事均應認真考查，其于學務不相關者概
　　不干涉。

一、省視學所到之處以該處學堂或勸學所為住足之地，並不受
　　地方官紳供給延宴，其往返車馬夫役伙食等費皆由省城學
　　務公所支發，一切差費陋規概行禁絕，倘有需索饋贈之處
　　與受同科。

以上各條係暫行簡章，俟學部頒有視學專章再行遵照。[15]

據上，杜彤將全省分為六個學區，分派人員考查各地學務興辦實況，並規定了視學人員調查的具體對象，並令視學人員勸導各地設立勸學所，此外還規定了這些人員的住宿及往來費用等，不令需索饋贈，以防滋擾地方。事實上，光緒三十二年六月學部就附片奏稱「興學為地方要政，久已列入考成，實與錢穀刑名並重，查各省地方官員補罰舉核等事向由藩司會同臬司具詳，現既添設學司，擬改為藩、學、臬三司會同具詳，庶地方人員各顧考成等因，奉旨允准」[16]，可見興辦學

---

15 《清代新疆檔案選輯》第70冊，光緒三十四年六月，頁156-157。

16 同上注15，第35冊，宣統二年十月，頁100。

務早已列為地方官員的考成項目，但直到這份暫行省視學務章程的推行，才使得新疆興辦學務的工作真正落實，如「惟烏什同知彭玉章、焉耆知府張銑稱最，達之學部得優敘」[17]，但更多的是大批官員的被革或者記大過，如光緒三十年檔案時有諸如署孚遠縣知縣魏令霖澍因玩視學務被撤任示警[18]，鎮西廳訓導高耀南於學務漫不經心記大過一次[19]等等，這都是杜彤興辦學堂力度的體現。正是杜彤的大力推動，新疆各地學堂得以迅速建設，根據片岡一忠對《新疆圖志》〈學校二〉所列各地學堂建設時間的統計[20]，在所有光緒三十三、三十四至宣統元、二年建立的學堂都中，絕大多數為光緒三十四年及其以後所建，這顯然要歸公於署理新疆提學使杜彤。

總之，至宣統二年底，全疆已建有學堂六百餘所，學生一萬五千人，其中南疆纏童學生居多[21]，而州縣層次的小學堂、半日學堂、漢語學堂、簡易識字學堂、實業學堂就有四百三十所[22]，足見基礎學堂教育之廣泛。但具體到地方，義學教育又是如何開展和推廣的，這就不得不涉及各地勸學所、宣講所的討論，茲以吐魯番為例，試加探討。

## 二　勸學所與宣講所的設置

光緒三十二年，學部頒發了《奏定勸學所章程》，規定「各廳州縣應於本城擇地特設公所一處，為全境學務之總匯，即名曰某處勸學所，每星期研究教育，即附屬其中。凡本所一切事宜，由地方官監督

---

17 王樹枬等纂、朱玉麒等整理：《新疆圖志》中冊，卷38〈學校一〉，頁696。

18 《清代新疆檔案選輯》第70冊，光緒三十四年七月，頁203。

19 同上注18，光緒三十四年九月，頁258-259。

20 片岡一忠：《清朝新疆統治研究》（東京市：雄山閣，1991年），頁310-318。

21 同上注20，頁318。

22 同上注20，頁312-313。

之」，並且附設宣講所一處。[23]新疆省府同年札飭吐魯番廳，「查宣講所之設，所以開通民智，啟導通俗，收效甚捷，亟應一律速設」[24]，但如上文所揭，當時新疆省級教育行政機構尚且未備，此項工作的推動要到杜彤上任以後，才在前引「省視學暫行簡章十四條」中勸令各屬設立。光緒三十四年六月吐魯番直隸廳札文道：

> 為札飭事，照得本府新設勸學所、宣講所，振興學務，急應派勸學一員兼宣講諭旨及一切章程規則，茲查有本城回民陳漢儒品學尚優，堪以派充，合行札飭，為此札，仰該員即便遵照定章挨戶勸導實行宣講，統歸勸學所總董轄理，每月由賬房發津貼銀六兩，該員務須勤慎從公，切實倡明，不得粉飾疏惰，致負委任，切切此札。右札勸學兼宣講員陳漢儒準此。[25]

據上，吐魯番直隸廳新設了勸學所及宣講所，品學尚優的回民陳漢儒被任命為勸學所的勸學員兼宣講所的宣講員，統歸勸學所總董管轄。那麼，總董與勸學員及宣講員三者之間有何區別？據《新疆省財政說明書》記載，「勸學所者，與學堂相輔相成者也，光緒三十四年通飭各屬一律設立。（並附宣講閱報所）遴選地方之素有聲望者充當總董，並兼視學，月薪四十、三十、二十兩不等；勸學員多寡靡定，按照區域之廣狹酌量選派，有支薪水者（八兩、十兩、十二兩不等），有盡義務者；宣講員亦無定額，月薪十兩、八兩、四兩不等。一切經費均由學堂經費中開支，並未另籌的款。」[26]可知，所謂勸學所的總

---

23　戚名琇、錢曼倩等編：《中國近代教育史資料彙編》〈教育行政機構和教育團體〉（上海市：上海教育出版社，1993年），頁60。

24　《清代新疆檔案選輯》第33冊，光緒三十二年十一月初一日，頁188。

25　同上注24，第70冊，光緒三十四年六月，頁176-177。

26　《新疆省財政說明書》，頁383。

董往往兼充各廳州縣的視學，其地位較高，因此需要選用素有威望者充當。另外，「總董由縣視學兼充，勸學員由總董選擇本區土著之紳衿品行端正、夙能留心學務者，稟請地方官札派。」[27]而宣講員則「遵照從前宣講《聖諭廣訓》章程，延聘專員，隨時宣講……以師範畢業生及與師範生有同等之學力，確係品行端方者為合格，如一時難得其人，各地方小學教員亦可分任宣講之責」[28]，但是對於吐魯番廳推薦的勸學所總董人選，省府認為「勸學總董定章就本地人選派，該廳請以湖南文童劉秉剛派充，未盡合宜，仰即照章另選妥員具報」，所以吐魯番廳「詳查宣講員陳漢儒係本地人，情形熟悉，堪充勸學所學員，所遺宣講員，查有候選巡檢陳麗斌係湖南□□，品學尚優，擬即派充，所需費用津貼現未籌有的款，暫由○廳捐廉發給」[29]，可見勸學所總董原則上須本地人出任，不過吐魯番勸學員、宣講員的經費要靠官員捐廉支撐。光緒三十四年十一月，吐魯番廳向省府申報了一份更為詳細的勸學所建設情況：

> 查○廳學堂增設，僅陳漢儒一員為□視學，恐難兼顧，擬加派縣丞職銜劉秉剛，湖南人，為廳視學；附生裴萬福，吐魯番人，為中區勸學員；候遷巡檢陳麗斌，湖南人，為中區勸學員兼宣講員。□廳官立私立學堂均在城內，四鄉尚未設學，擬分老城新城為中區，東路二三堡分為東區，西路托克遜分為西區，現于該處各設一漢語半日學堂，暫派該管纏民鄉約幫同勸學，俟風氣開通，極力推廣，再派東西勸學員以專責成，○廳查閱輿圖，北倚祁連，南臨鹽澤，高山大漠，實限于地勢，無

---

27 《中國近代教育史資料彙編》〈教育行政機構和教育團體〉，頁60。

28 《中國近代教育史資料彙編》〈教育行政機構和教育團體〉，頁60。

29 俱見《清代新疆檔案選輯》第70冊，光緒三十四年八月初九日，頁214-215。

從分區，所有派員分區是否有當，理合備文申復。[30]

據上，吐魯番當局仍推薦省府認為「未盡合宜」的劉秉剛為廳視學，另選裴萬福、陳麗斌為中區勸學員，並將全境劃分為東、中、西三塊學區，待東西鄉莊設有學堂後再選派勸學員，暫時以當地鄉約幫同勸學。公文雖未見直接批復，但從後文來看，至少劉秉剛的任命是肯定的。宣統元年，吐魯番廳又開始加強宣講所的工作，據公文顯示：

> 為札飭事，照得本府稟設勸學所、宣講所振興學務，急應派員赴所宣講諭旨及一切章程規則，茲查有新城回民麻振幫情形熟悉，文理甚清，堪以派充，每月至本署賬房領津貼銀四兩，從八月初一起，每逢一、四、七，從上午十點鐘起，至下午二點鐘止，該員務須明白指畫，切實講明，諄諄不倦，將書理反復印證，令師儒皆知，不得敷衍了事，致負委任，切切此札。右札仰宣講員麻振幫准此。[31]

據上，可知宣講員的津貼銀兩為每月四兩，宣講時間具體為一月三次，每次四個鐘頭。此外，吐魯番廳也著意在勸學所下設立教員講習科[32]，就地培養師資，以解決當時由省城師範學堂畢業師資不足的問題。次年，鄯善縣也修建了勸學所及講習所，據該縣造報具體費用為：「一、地價湘平銀二十六兩。一、營繕房屋湘平銀三百四十九兩。一、制辦器具湘平銀五十兩。查前項置方桌四張，合銀二十兩；茶几六個，合銀七兩二錢；平椅十六把，合銀十二兩八錢；坑桌一

---

30　《清代新疆檔案選輯》第34冊，光緒三十四年十一月二十日，頁16。

31　同上註30，宣統元年七月二十三日，頁219。

32　同上註30，宣統元年七月二十六日，頁223。

張，價銀一兩二錢；夾板門簾一塊，價銀六兩四錢；板凳四條，合銀一兩二錢；案板一塊，價銀一兩二錢，共用銀兩合符前數。以上共用湘平銀四百二十五兩。」[33]可見，此項勸學、講習所的建設花費不少。但嚴格說來，以上勸學所、宣講所的總董或者勸學員始終缺乏新式學堂教育背景的人才，至宣統二年，省府終於給吐魯番廳派發了一位合格人選，檔案顯示：

> 欽命署理甘肅新疆提學使司提學使杜為札飭事，照得吐魯番勸學所事務重要，亟應遴通曉教育之員總理其事，應於學務有裨。查有簡易師範畢業生魚學詩堪以派充該廳勸學所總董，每月由該廳支給薪水銀四十兩以資辦公，並由該廳幫看，如果該總董辦事廉能，即由該廳派充鄉約，詳報備案，將原鄉約裁去，仰即照會前總董陳漢儒將所內一切事務移交清楚，另候委用。[34]

魚學詩，一個非常熟悉的名字，實際上就是吐魯番義塾教育階段，當時省府與吐魯番官府特別關照，並想造就的維吾爾人才，可惜後來被斥革出學塾。時光輾轉，他從省府簡易師範學堂畢業，並被派發回鄉，充當該地勸學所總董，並給予高額薪水，而且提學使一再叮囑吐魯番官府，如果魚學詩辦事廉能，即派充該地鄉約，這其實是對當時缺乏維吾爾師資的一種鼓勵刺激措施。他的到來，確實令吐魯番勸學所得到了一位即能與維吾爾社會溝通交流，又學過新式師範學堂教育的專門人才，實為難得。稍後進行風俗改良時，吐魯番廳發現也只能由魚學詩來擔任，如「風俗改良，查勸學所總董魚學詩年富力強，又

---

33 《清代新疆檔案選輯》第35冊，宣統二年六月二十二日，頁43。
34 同上注33，宣統二年三月，頁14。

係土著，風俗改良本與勸學相關，擬飭該總董實行調查，將調查事宜暫委該總董辦理。」[35]即增添了總董的社會功能。

但是，勸學所、宣講所的整體效果並不如意，如「宣講所前設勸學所內，因地方偏僻，聽講人少」[36]，更嚴重的還在於吐魯番廳視學劉秉剛敗壞學務的惡劣形象，據當時一份雖未署銜名，但可以判斷為提學使呈給新疆巡撫的詳文顯示：

> 案據高省視學正忠密電稟稱，查吐魯番廳視學劉秉剛係在官錢局司簿記，兼充廳視學差，該視學嗜好賭嫖，不理學務，擬請撤其廳視學差，以節靡費。其遺差或派魚總董學詩兼充，抑或由該廳另選任充當之處，伏祈鈞裁電飭王丞秉章遵照辦理等情到司，據此竊查勸學所之設，所以輔地方官長之不及，為教育行政之樞紐，關係至為重要，地方有司宜如何慎選妥員認真舉辦，以謀地方學務之發達，乃該丞竟以如此劣員濫竽充數，實非教育之進行，大有妨礙。查該廳視學係由曾故丞炳燨加考評委，該丞業經身故，應免置議，惟王署丞秉章到任已久，無論其知而不言，有意敷衍，或係毫無聞見，失於覺查，究屬貽誤要政，擬請將該署丞王秉章記大過二次，以儆將來，除由署司電飭立將該廳視學劉秉剛撤差，仍飭該署丞另選妥員評委接充以重要務外，所有擬請將署吐魯番同知王秉章記大過二次緣由是否有當，理合備文詳請憲臺鑒核示遵，為此具詳，伏乞照詳施行，須至詳者。[37]

35 《清代新疆檔案選輯》第35冊，宣統二年七月初五日，頁46。
36 同上注35，宣統二年七月初五日，頁46。
37 同上注35，宣統二年八月十七日，頁63-64。

據上，劉秉剛實際上為官錢局的簿記，還兼充吐魯番直隸廳的視學，但他嗜好賭嫖，不理學務，嚴重影響勸學所的勸學功能，因此提學使建議將其視學差事撤銷，由勸學所總董魚學詩兼充，這樣也符合州縣勸學所的人員設置規定。並一再強調「勸學所之設，所以輔地方官長之不及，為教育行政之樞紐，關係至為重要」，然而出現用人不當，本應追究舉薦人曾炳煌之責，因其已經身故，不再追究，但在任的王秉章則毫無所聞，失於監督，擬將其記大過二次。雖然未見批復，但根據以往處理學務貽誤的案例來看，此類事件往往都會被批准。

　　勸學所的首要功能當然是勸導學生入堂讀書，省府在招收纏師範學生時，實際上也是由吐魯番的勸學所來具體操作的。有時地方缺乏師資，也會臨時由勸學員充當，如宣統二年吐魯番創設實業學堂，就「暫以勸學員屋陰松代教國文漢語習字珠算」[38]等等。但從全省的情況來看，勸學所的作用並不樂觀，尤其表現在南疆地區，宣統三年新疆巡撫聯魁認為，「至勸學員不過虛有其名，並無勸學之能力，亦無勸學之實際，若官府不加以強迫，鄉約不加以勒派，雖有百勸學員，亦無如何，此亦南疆之通弊。惟各屬勸學員及勸學總董多由省城纏師範畢業者，若輩不知事體之輕重，樂于有事，每倡為寬籌學費之說，而□顧地方之生死，人情之向背，為地方官者亦喜□□□□□也，甘心墮其術中而不知變計」[39]，足見勸學所不僅不能發揮它應有的功能，反而不切實際的提出興學倡議，往往加劇了地方社會的矛盾。

## 三　各類學堂創設始末

　　根據《新疆圖志》〈學校二〉吐魯番、鄯善兩處學堂的統計，共有

---

38 《清代新疆檔案選輯》第35冊，宣統二年十月二十八日，頁119。
39 同上注38，宣統三年九月初三日到，頁303。

各類官民學堂二十七所[40]，大致可以將其分為三類，即一、小學堂；二、藝徒、實業學堂；三、漢語學堂、簡易識字學塾。但這些數據都是光緒三十三年及其以後的數據，在此之前吐魯番地區還存在為數不少的蒙養學堂，因其為新疆設立較早的一批學堂，以下便從此類學堂談起。

## （一）蒙養學堂

如前文所揭，光緒二十七年清廷的「興學詔」中要各地方多設蒙養學堂，同年十二月，吐魯番廳同知稟報：

> ○○前此因公下鄉，便察漢墩義塾纏童功課，見其在塾中久能通漢語、識字義者尚不乏人，惟于作題賦詩，詢之俱屬茫然，故不敢任塾師欺飾。徇例賣呈課卷，茲擬請酌留老城義塾一堂，仍舊延師教讀，其漢墩一堂擬即裁撤，改設蒙館三堂，分設漢墩、魯克沁、托克遜三處，于纏童中擇其通曉漢語、多識字義者三人派委館師，每館令教學童六名，專以教學漢語，認識漢字，講解字義為尚，不循作題屬對故習，仍由○○隨時稽查勤怠，分別勸懲，其學童入館，定以三年為限，期滿更換，不在拘留，有情願再留者聽，庶廣為教導，纏民不至視為畏途，所有薪糧膏火等項，從新酌議章程，繕具清折，賣呈鑒核，查原設義塾二堂，歲支銀七百八十四兩五分，現□新章，歲交銀七百七十二兩二分，較前有減無增，如蒙允准，即從明年二月初一日起，循照辦理，除通稟外，肅此具稟，伏候批示祗遵，恭請垂鑒。[41]

---

40 王樹枏等纂修、朱玉麒等整理：《新疆圖志》中冊，卷39〈學校二〉，頁713-714。
41 《清代新疆檔案選輯》第32冊，頁196-197。

可見，原有義塾收效甚微，吐魯番當局擬裁改部分義塾為蒙館，並訂
立相應章程。謹案，蒙館也稱蒙學，是中國古代教授蒙童的學館，其
教材主要為《三字經》、《千字文》、《百家姓》、《四書》、《蒙求》等，
著重進行識字、寫字和封建德行的教育。[42]隨後，經過與省府的討論
之後，基本上確立了酌留老城義塾一堂，「擬裁漢墩義塾一堂，改設
蒙館三堂，分設漢墩、魯克沁、托克遜三處，蒙師三名，各月支薪水
銀六兩」[43]的格局。同年十月，省府接到戶部諮文，「嗣後捐助學堂經
費及獨立倡設蒙小學堂者，請按例定銀數獎給銜封等項附片一件，光
緒二十八年七月初一日具奏，本日奉旨依議欽此，相應刊錄原奏飛咨
各直省督撫查照」，並轉發給吐魯番廳。[44]事實上，《欽定蒙學堂章
程》也於同年七月十二日頒發，按其內容，「蒙學堂之宗旨，在培養
兒童，使有淺近之知識，並調護其身體」、「城內坊廂、鄉鎮、村集，
均應設立蒙學堂」、「凡各省、府、廳、州、縣原有義塾，並有常年經
費，此後應按照此次蒙學課程一律核實，改辦為公立蒙學堂」、「蒙學
堂卒業以四年為限」、「蒙學堂之設，以多為貴」等等。[45]但新疆蒙養
學堂的建設似尚未推廣至吐魯番地區，直至光緒三十二年正月，鎮迪
道才札飭吐魯番廳：

> 案奉撫憲吳 照會，案准高等學堂牘開，案奉憲臺札開，省城
> 創設高等學堂，自十一月二十日開學分班教育，粗具規模，惟
> 蒙養學堂實為備齊之基礎，非籌款徧設不足以開通民智，查新

---

42 周德昌主編：《簡明教育辭典》（廣州市：廣東高等教育出版社，1992年），頁224。
   但該書認為蒙館屬於私塾，顯然不適用此處。

43 參見《清代新疆檔案選輯》第32冊，光緒二十七年（據目錄），頁200。

44 《清代新疆檔案選輯》第32冊，光緒二十八年十月二十九日，頁240。

45 《欽定蒙學堂章程》，璩鑫圭、唐良炎編《中國近代教育史資料彙編》〈學制演變〉
   （上海市：上海教育出版社，1991年），頁281-282。

省義學建設多年，課程未歸畫一，尚鮮實效，所有省城附近及
道屬府廳州縣原有之義學從明年正月起應請悉改為蒙養學堂，
即哈密之伊州書院、鎮西之松峰書院以及綏來奇臺之舊有書院
亦一律改設，其章程由提調擬定，所需教習即于初級師範生內
選派，若距省太遠，或於原教義學中擇其品學兼優者派充，所
有擬定章程理合詳情呈核批示，祗遵等因，到本署部院，准此
除復來牘已悉貴學堂所設蒙養學堂章程尚屬妥協，希即分移各
道，轉飭各屬一體遵辦。[46]

可知，這年十一月省城高等學堂開班教育，但考慮到「蒙養學堂實為
備齊之基礎」，而義學又未見成效，所以從明年（光緒三十二年）起
一律改為蒙養學堂，教習原則上由初級師範生內選派，如果距離遙遠
也可選擇原先優秀的義塾塾師，這一方案被巡撫吳引孫批准，並令轉
飭各道施行。吐魯番隨即展開了義塾改為蒙養學堂的行動，如光緒三
十二年二月，吐魯番廳撫民府方昀札發給吐魯番廳城義學塾師劉代璋
《蒙養學堂章程》一本，令其照章辦理。[47]但是新疆當局並沒有完全
遵從朝廷頒發的《蒙養學堂章程》，而是「現就奏定章程及新省情形
斟酌損益，擬定《新疆高等學堂章程》一冊，末附學約四條，又擬
《新疆蒙養學堂章程》一冊，均已排印齊全，應即分發所屬遵照認真
辦理，庶無負朝廷修明學術作育人材之意」[48]，看來《新疆蒙養學堂
章程》與《欽定蒙學堂章程》有一定的區別，如上文所揭，前者學制
為三年，後者為四年。但就筆者目前所掌握的材料，尚不能全面瞭解
《新疆蒙養學堂章程》的全貌。

---

46　《清代新疆檔案選輯》第33冊，光緒三十二年正月十九日，頁60-61。

47　同上注46，光緒三十二年二月十一日，頁69。

48　同上注46，光緒三十二年二月三十日，頁82-83。

　　光緒三十四年閏四月，老城蒙養學堂教習姚紀昌報告學堂開辦及造報學生名單情形[49]，至六月份，吐魯番廳向省府申報蒙養學堂的開辦情況：

> 查○廳城內現在改設蒙養學堂一處，共計學童十名，自八九歲至十一二歲不等，均係體質強壯，並無嗜好習氣，其課程悉遵學堂定章，切實可行之事，多方講解，加意訓課，使知識漸期畢業，以為備齊之選，惟邊氓子弟資性愚魯，所有輿地及加課算學體操容緩照辦，每月朔日由卑職傳集廳署考驗經書文義一次，擇其優者酌獎紙筆，以示鼓勵，教習姚紀昌品行端正，學問淵深，且其語音平順，各童易于知曉，應請毋庸由省另派以資熟手，除取具學校父兄族臨各結存案並通報外，所有改設蒙養學堂擬辦情形，理合備文申報憲臺鑒核查考，為此具申，伏乞照驗施行。[50]

按照《欽定蒙學堂章程》的規定，「凡蒙學生徒多則三四十人，少則十餘人，多則用教習二三名，少則用教習一名」[51]，可見以上吐魯番老城蒙養學堂基本符合情況，但並未用省府師範學堂所派的教習，而是選擇當地姚紀昌為教習，並且得到省府的認可。[52]當地官府也負有責任，如「仍由高等學堂照章詳定課程，責成地方官督飭各教習認真訓迪，每月親赴學堂考驗一次，視學生之進步遲速分教習之課讀勤

49 《清代新疆檔案選輯》第33冊，光緒三十二年閏四月初八日，頁104。學生名單見《清代新疆檔案選輯》第33冊〈光緒三十二年閏四月〉頁104。

50 同上注49，光緒三十二年六月初十日，頁131。

51 《中國近代教育史資料彙編》〈學制演變〉，頁282。

52 《清代新疆檔案選輯》第33冊，光緒三十二年，頁138「該廳城內舊有義塾既經改設蒙養學堂一所，其堂內教習准即以姚紀昌充當」。

惰，明定功課，以示勸懲，庶免敷衍塞責，仍蹈從前義塾積習，仰即分移各道飭屬一體遵照」[53]，意在加強官府對蒙學堂的管理，避免此前義塾的弊端。

光緒三十三年春，鎮迪道札吐魯番廳，「案據鄯善縣陳署光煒稟稱，本城捐廉添設蒙養學堂一案到道，正批示間，茲奉撫憲聯抄由批開，據稟已悉，州縣為牧民之官，本宜教養為首務，而在回疆則尤以開通聲教為急，今該縣于到任之始，能留心學校，在於本城添設蒙養學堂一所，需用經費概擬捐廉籌給，不請公款，閱之深堪嘉尚，應准如所請，立案以垂久遠，堂內教習即准以何廷翰充當，仍隨時幫飭該教習恪遵頒定課程學規，認真訓迪，以期日起為功」[54]，可見鄯善縣也在建設蒙養學堂。不過，此次建設蒙養學堂，省府認為與義塾教法不同，所以札文吐魯番廳，「照得吐屬蒙學僅設一堂，前奉高等學堂札發章程，于讀經字課外添有輿地、算學、體操諸門，與舊日義塾教法迥不相同，應由省城師範館畢業學生分派任教，方符定章，茲查有師範學生王啟湯堪以派充，合行札飭，為此札，仰該生即便遵照前往接管，用心教育，勿負委任，並將到館日期暨學生名冊具報以便查考，切切此札，右札仰師範學生王啟湯准此」[55]，省府按照學堂章程辦理學務，向吐魯番派出師範生王啟湯充當教習。但吐魯番此時只有蒙養學堂一所，原有之教習姚紀昌與新來之王啟湯只能暫時共就於老城蒙學堂[56]，此非長久之計，所以六月份吐魯番廳曾炳煌稟請添設新城蒙養回學一堂的提案被批准[57]，教習由姚紀昌擔任。[58]至蒙養學堂

---

53 《清代新疆檔案選輯》第33冊，光緒三十二年十二月二十九日，頁235-236。
54 同上注53，第33冊，光緒三十三年三月，頁293。
55 同上注53，第69冊，光緒三十三年三月初五日，頁107。
56 同上注53，第33冊，光緒三十三年四月，頁317。
57 同上注53，第33冊，光緒三十三年六月，頁331。
58 同上注53，第33冊，光緒三十三年七月十六日，頁345。

的學生及教學內容的具體情況，我們可以從光緒三十三年十月吐魯番造報的學生年歲籍貫暨課程清冊中瞭解，茲製表如下[59]：

### 官立蒙養學堂表

| 教習：王啟湯（籍貫：湖南湘西師範生） | | | | |
|---|---|---|---|---|
| 學生／學堂 | 姓名 | 年歲 | 籍貫 | 功課 |
| 老城漢回蒙學堂 | 張毓秀 | 十三歲 | 四川 | 現讀書經，摹寫字課圖本，習淺近珠算體操，總計課程二百七十三分。 |
| | 陳崇懿 | 十三歲 | 湖北 | 讀詩經，摹寫字課圖本，習淺近珠算體操，總計課程二百六十六分。 |
| | 陳崇訓 | 十一歲 | 湖北 | 現讀四書，摹寫字課圖本，習淺近珠算體操，總計課程二百五十分。 |
| | 劉修志 | 十二歲 | 湖南 | 現讀四書，摹寫字課圖本，習淺近珠算體操，總計課程二百三十三分。 |
| | 禹明孚 | 十一歲 | 本籍回教 | 現讀四書，摹寫字課圖本，習淺近珠算體操，總計課程二百二十分。 |
| | 禹貽棠 | 九歲 | 本籍回教 | 現讀四書，摹寫字課圖本，習淺近珠算體操，總計課程二百一十二分。 |
| | 鄧長祜 | 十二歲 | 甘肅 | 現讀四書，摹寫字課圖本，習淺近珠算體操，總計課程二百六分。 |

---

59 見《清代新疆檔案選輯》第33冊，光緒三十三年十月初四日，頁372-373。

| 教習：王啟湯（籍貫：湖南湘西師範生） | | | | |
|---|---|---|---|---|
| 學生＼學堂 | 姓名 | 年歲 | 籍貫 | 功課 |
| 老城漢回蒙學堂 | 劉子斌 | 十三歲 | 湖北 | 現讀四書，摹寫字課圖本，習淺近珠算體操，總計課程二百八十二分。 |
| | 郭日新 | 八歲 | 甘肅 | 現讀四書，摹寫字課圖本，總計課程一百五十四分。 |
| | 邱尚陵 | 八歲 | 湖北 | 現讀四書，摹寫字課圖本，總計課程一百五十一分。 |
| | 馬志仁 | 九歲 | 陝西 | 現讀四書，摹寫字課圖本，總計課程一百四十二分。 |
| 新城回民蒙學堂 | 教習姚紀昌 | | 湖南長沙文童 | |
| | 馬兆榮 | 十四歲 | 回教 | 讀詩經，摹寫字課，習淺近珠算體操，總計課程一百七十五分。 |
| | 柯有模 | 十二歲 | 回教 | 摹寫字課，習淺近珠算體操，總計課程一百六十三分。 |
| | 馬兆華 | 十四歲 | 回教 | 讀四書，摹寫字課，習淺近珠算體操，總計課程一百四十五分。 |
| | 單庭祥 | 十一歲 | 回教 | 年十一歲，回教，讀四書，摹寫字課，總計課程一百四十五分。 |
| | 畢聯奎 | 十歲 | 回教 | 讀小學，摹寫字課，總計課程一百四十三分。 |
| | 麻玉堂 | 十歲 | 回教 | 讀小學，摹寫字課，總計課程一百三十五分。 |

| 教習：王啟湯（籍貫：湖南湘西師範生） | | | | |
|---|---|---|---|---|
| 學生＼學堂 | 姓名 | 年歲 | 籍貫 | 功課 |
| 新城回民蒙學堂 | 王蘭芳 | 十歲 | 回教 | 讀小學，摹寫字課，總計課程一百三十五分。 |
| | 李成漢 | 十歲 | 回教 | 讀小學，摹寫字課，總計課程一百三十五分。 |
| | 馬祥麟 | 九歲 | 回教 | 讀小學，摹寫字課，總計課程一百二十四分。 |
| | 馬子成 | 八歲 | 回教 | 讀小學，摹寫字課，總計課程一百二十分。 |
| 統計 | 教習二名、學生二十一名 | 平均十點八歲 | 漢學生九名、回學生十二名 | |

以上僅為官立蒙養學堂的數據，此外《新疆圖志》〈學校二〉雖有所提示，但未曾記載的還有數量更多的民立蒙養學堂。根據《欽定蒙學堂章程》，「凡家塾招集臨近兒童附就課讀，及塾師設館招集幼徒在館肄業者，均應遵照此次蒙學課程，一律核實改辦，名為自立蒙學堂」、「凡自立蒙學堂，均須向該縣官立小學堂中報名地址及教習姓名」[60]，結合吐魯番的實際情況，所謂的自立就是民立之意，有關其具體情況，我們同樣可以從光緒三十三年吐魯番廳造報的「老城、新城民立蒙學堂教習學生姓名年貌籍貫」[61]清冊中窺探一二，茲列表如下：

---

60 《中國近代教育史資料彙編》〈學制演變〉，頁281-282。
61 《清代新疆檔案選輯》第33冊，光緒三十三年，頁374-376。

## 民立蒙養學堂表

| 教習：張應槐（籍貫：湖北黃陂縣文童） | | | | |
|---|---|---|---|---|
| 學生＼學堂 | 姓名 | 年歲 | 籍貫 | 功課 |
| 老城民學一堂 | 張文斌 | 十歲 | 漢學生 | 現讀四書 |
| | 陳得裕 | 八歲 | 漢學生 | 現讀四書 |
| | 亦知義 | 七歲 | 漢學生 | 現讀三字經 |
| | 邊開榜 | 八歲 | 漢學生 | 現讀四書 |
| | 張席珍 | 十歲 | 漢學生 | 現讀四書 |
| | 賈文光 | 十歲 | 漢學生 | 現讀四書 |
| | 陳茂林 | 十一歲 | 漢學生 | 現讀詩經 |
| 新城民學一堂 | 教員程文壁 | | 四川文童 | |
| | 康泰禮 | 十三歲 | 漢學生 | 現讀書經 |
| | 宋守禮 | 十三歲 | 漢學生 | 現讀禮記 |
| | 宋守義 | 十六歲 | 漢學生 | 現讀詩經 |
| | 宋守智 | 十歲 | 漢學生 | 現讀詩經 |
| | 王登雲 | 十三歲 | 漢學生 | 現讀詩經 |
| | 李登榮 | 十歲 | 漢學生 | 現讀詩經 |
| | 劉國忠 | 十歲 | 漢學生 | 現讀四書 |
| | 楊福財 | 十二歲 | 漢學生 | 現讀四書 |
| | 馮達材 | 六歲 | 漢學生 | 現讀小學韻語 |
| | 毛禮 | 十歲 | 漢學生 | 現讀四書 |
| | 赫慶元 | 十六歲 | 回學生 | 現讀禮記 |
| | 楊仕俊 | 十六歲 | 回學生 | 現讀四書 |
| | 楊仕傑 | 十四歲 | 回學生 | 現讀四書 |
| | 馬金明 | 十歲 | 回學生 | 現讀四書 |

| 教習：張應槐（籍貫：湖北黃陂縣文童） | | | | |
|---|---|---|---|---|
| 學生 學堂 | 姓名 | 年歲 | 籍貫 | 功課 |
| | 馬天受 | 十歲 | 回學生 | 現讀四書 |
| | 海朝宗 | 十五歲 | 回學生 | 現讀四書 |
| | 單福元 | 十三歲 | 回學生 | 現讀詩經 |
| 新城民學一堂 | 教習楊福祿 | | 吐魯番文童 | |
| | 宋積寶 | 十五歲 | 回學生 | 現讀孟子 |
| | 王稜仁 | 十四歲 | 回學生 | 現讀論語 |
| | 王積義 | 十五歲 | 回學生 | 現讀論語 |
| | 牛德 | 十四歲 | 回學生 | 現讀孟子 |
| | 馬伯忠 | 十四歲 | 回學生 | 現讀論語 |
| | 馬生榮 | 十三歲 | 回學生 | 現讀論語 |
| 新城民學一堂 | 教習何建章 | | 甘肅清水縣回學增生 | |
| | 亦興祿 | 十六歲 | 回學生 | 現讀□學 |
| | 顧榮華 | 十六歲 | 回學生 | 現讀詩經 |
| | 唐得金 | 十六歲 | 回學生 | 現讀學庸 |
| | 馬彥明 | 十五歲 | 回學生 | 現讀學庸 |
| | 馬玉貞 | 十六歲 | 回學生 | 現讀學庸 |
| | 楊煥廷 | 十四歲 | 回學生 | 現讀下孟 |
| | 楊煥英 | 十八歲 | 回學生 | 現讀下孟 |
| | 馬麟 | 十三歲 | 回學生 | 現讀上孟 |
| | 馬得財 | 十六歲 | 回學生 | 現讀上孟 |
| | 王秉義 | 十六歲 | 回學生 | 現讀學庸 |
| | 馬文光 | 十五歲 | 回學生 | 現讀下孟 |
| | 田百祿 | 十歲 | 回學生 | 現讀學庸 |

| 教習：張應槐（籍貫：湖北黃陂縣文童） | | | | |
|---|---|---|---|---|
| 學生 / 學堂 | 姓名 | 年歲 | 籍貫 | 功課 |
| 新城民學一堂 | 高福 | 十六歲 | 回學生 | 現讀學庸 |
| | 李福 | 十六歲 | 回學生 | 現讀上孟 |
| | 穆秉彝 | 十三歲 | 回學生 | 現讀學庸 |
| | 馬文德 | 十六歲 | 回學生 | 現讀學庸 |
| | 李百福 | 十六歲 | 回學生 | 現讀中孟 |
| | 李桐 | 十六歲 | 回學生 | 現讀學庸 |
| | 馬鈞 | 十九歲 | 回學生 | 現讀詩經 |
| | 馬祿 | 十三歲 | 回學生 | 現讀上孟 |
| | 馬壽 | 十三歲 | 回學生 | 現讀上孟 |
| | 穆秉成 | 九歲 | 回學生 | 現讀中庸 |
| | 柯有成 | 十二歲 | 回學生 | 現讀大學 |
| | 馬德有 | 十三歲 | 回學生 | 現讀學庸 |
| 綜計 | 教習四名、學生五十四名 | 平均十三點一歲 | 漢學生十七名、回學生三十七名 | |

通過以上兩表的統計，基本上反映了吐魯番廳蒙養學堂的建設概貌，即官立二所，教習二名，學生二十一名；私立四所，教習四名，學生五十四名；官、民學生總數七十五名，平均師生比一比十二點五，具體到每所蒙養學堂學生數也不盡相同，較少者如新、老城各有一所六七人的民立蒙養學堂，最多者則如新城一所二十四人的民立蒙養學堂，但只設一個教習，這種實際情況都與「凡蒙學生徒多則三四十人，少則十餘人，多則用教習二三名，少則用教習一名」[62]的規定多

---

62 《中國近代教育史資料彙編》〈學制演變〉，頁282。

有出入，也許正是變通後的《新疆蒙養學堂章程》的實際情況。六位教習當中，只有老城官立蒙學堂的王啟湯係由省城師範生選派，其他五位教習多係文童，他們的文化層次較低，都屬於傳統的義塾或者州縣官學生層次，但「蒙學為學問始基，其教習須通曉經史及算數、物理諸學者始能勝任」[63]，如此看來，蒙養學堂教育從一開始便缺乏合格的教習。

至於蒙養學堂的功課，《欽定蒙學堂章程》規定「修身第一，字課第二，習字第三，讀經第四，史學第五，輿地第六，算學第七，體操第八」[64]，足見有八門課目，但對於新疆而言，起初並未全部教授，正如吐魯番廳同知光緒三十二年報告所稱，「其（蒙養學堂——引者注）課程悉遵學堂定章，切實可行之事，多方講解，加意訓課，使知識漸期畢業，以為備齊之選，惟邊氓子弟資性愚魯，所有輿地及加課算學體操容緩照辦」[65]，但根據以上「官立蒙養學堂表」來看，官立蒙養學堂已經開設了字課、珠算、體操等課程，相比民立蒙養學堂更顯新式學堂色彩及正規化，民立學堂的課程仍為四書、五經、孔孟教育，可以說，除了改為蒙養學堂名稱之外，其實質與義塾教育並無二致。

此外，根據以上兩表的統計，官立蒙養學堂學生平均年齡十點八歲；民立蒙養學堂平均為十三點一歲，其中最小者六歲，最大者十九歲。顯示出民立比官立要隨意，但《欽定蒙學堂章程》規定「凡蒙學以六七歲為入學之年，今開辦伊始，故展其學年至十歲以內」[66]，可見吐魯番蒙學生的年齡普遍偏大。此外，從學生的族群文化來看，漢

---

63 《中國近代教育史資料彙編》〈學制演變〉，頁285。

64 同上註63，頁282-283。

65 《清代新疆檔案選輯》第33冊，光緒三十二年六月初十日，頁131。

66 同上註65，頁285。

學生二十六名，占官、民學生總數的百分之十四點六，回學生四十九名，占官、民學生總數的百分之六十五點三，不論官立，還是民立，回學生都占據多數，但更值得注意的是以上兩表中無一位纏學生，但當時新疆的族群分布，按照宣統二年巡撫聯魁彙報新疆學務時的報告，「竊維新省孤懸塞外，地方遼闊，種族紛雜，蒙哈而外，纏民最占多數，其餘漢回錯處，回民又較漢民為多」[67]，另據一九〇七年日野強對吐魯番的觀察，「此地有約五千住戶，內漢人一百二十餘戶，漢回一千三百餘戶，其餘均為纏回。」[68]既然纏民最占多數，為何蒙養學堂中不見一位纏民學生，究其原因，雖然《欽定蒙學堂章程》規定「城內坊廂、鄉鎮、村集均應設立蒙學堂」、且「蒙學堂之設，以多為貴，凡地方官紳，總宜竭力督勸，俾兒童咸有成就之始基，不至荒學失時，終身廢棄」[69]，但很顯然，吐魯番廳的蒙養學堂到光緒三十三年只分布於新老兩城，並未推廣至纏民分布的廣大農村[70]，但即便如此，新老兩城中仍有一定數量的纏民生活，其孩童並未出現於列表之中，很可能對於入讀這種新式學堂仍在觀望之中。當然還有另一層因素不可忽視，光緒三十三年底署理提學使杜彤札文吐魯番廳：

> 查各州縣設立蒙學，向來不分漢纏子弟，均令同堂肄業，揆其用意，原以冀鉛槧觀摩，藉耳濡目染之力，寓默化潛移之用，乃各學生等或因其宗教不同肆口抵侮，或因其語言各異，任意鄙夷，以致纏民畏沮，誡其子弟不入學堂，殊于興學之義大有窒礙，合行遵飭查禁，為此札，仰該廳即便遵照，無論漢纏均

---

67 《清代新疆檔案選輯》第35冊，宣統二年五月，頁55。

68 日野強：《伊犂紀行》，頁114。

69 《中國近代教育史資料彙編》〈學制演變〉，頁281、282。

70 雖然《新疆圖志》〈學校二〉顯示鄯善縣之魯克沁城存在過蒙養學堂，雖然未有時間說明，但魯克沁並非一般的鄉村，仍然可以將其視作城來看待。

須一體，相遇不得以其異族，故為輕視虐待，其各學堂學生等
並須隨時察查，如有仍前抵侮鄙夷之習，應即行飭戒，有教無
類，庶以興纏民向學之心，收教育普及之效，自此次通行之
後，該廳等務當切實查辦，不得視為具文，陽奉陰違，致干未
便，切切，此札。[71]

即官府意欲漢、纏子弟都能入學肄業，但不免有學生因纏民宗教語言
不同，有所鄙夷，致使纏民不願其子弟入堂讀書，或許此種情況也存
在於吐魯番廳亦未可知，不過杜彤主張有教無類。

　　不管如何，至光緒三十三年，吐魯番官、民蒙養學堂已經初具規
模，本應趁此推廣，尤其是廣大纏民居住的鄉村地方需要廣設蒙養學
堂，但光緒三十四年檔案顯示，「署司彤自上年通行各屬學務聞見，
其留心遵辦者固亦有人，而漫不經心者實占多數，以學堂名稱于上年
十一月遵照新章，通飭將蒙養學堂一律改稱初等小學堂，並分別冠以
官立、公立、私立第幾字樣，其原用興賢育才廣仁□英等字樣一概刪
去」[72]，可知新疆的蒙養學堂在杜彤抵任後的十一月份，飭令將所有
的蒙養學堂一律改稱初等小學堂，雖然各地方改稱可能有所延緩，但
吐魯番廳兩所官立蒙養學堂正是在光緒三十三年被同知曾炳熿就地改
建為第一、二初等小學堂[73]，可以說蒙養學堂在吐魯番廳還未完全綻
放，就因被改建為初等小學堂而終止。如前文所揭，鎮迪道所屬的蒙
養學堂從光緒三十二年正月由原有義塾改建開始，至光緒三十三年底
又被飭令一律改建為小學堂，主要存在於這兩年之間，所以在其短暫
的建設期間，其成效自然無從談起。

---

71　《清代新疆檔案選輯》第33冊，光緒三十三年十二月二十日，頁424。

72　同上注71，第70冊，光緒三十四年七月，頁200。

73　王樹枬等纂修、朱玉麒等整理：《新疆圖志》中冊，卷39〈學校二〉，頁713-714。

## （二）初等小學堂、兩等小學堂

### 1 初等小學堂

　　清廷在光緒二十九年十一月已頒發《奏定初等小學堂章程》[74]，顯然這一政令在新疆的實施要緩慢許多，即便光緒三十二年閏四月，省府已認識到「方今振興教育，以小學堂為基礎」，但仍苦於師資缺乏[75]，未及舉辦，如上文所論，直至光緒三十三年十一月杜彤才飭令全疆蒙養學堂一律改為初等小學堂。片岡一忠對《新疆圖志〈學校二〉中全省學堂的統計也證明州縣級別的學堂（包括初等、高等小學堂）正是從光緒三十三年開始出現的[76]，具體到吐魯番地區小學堂的建設，《新疆圖志》記載：

　　　　吐魯番廳：
　　　　一、官立兩等小學堂在廳城鐘鼓樓北面，宣統元年同知曾炳燨
　　　　　　建設。
　　　　一、官立第一初等小學堂在廳城西北隅，光緒三十三年同知曾
　　　　　　炳燨就蒙養學堂改設。
　　　　一、官立第二初等小學堂在新城西南隅，光緒三十三年同知曾
　　　　　　炳燨就蒙養學堂改設。
　　　　一、官立第三初等小學堂在新城東街，宣統二年同知王秉章設
　　　　　　立，堂舍係租民房。

---

74　《中國近代教育史資料彙編》〈學制演變〉，頁291。
75　《清代新疆檔案選輯》第33冊，光緒三十二年閏四月十二日，頁107。
76　片岡一忠：《清朝新疆統治研究》，頁312-313。

鄯善縣：

一、官立第一初等小學堂在縣署前面，光緒三十三年知縣陳光
　　煒就蒙養學堂改設。

一、官立第二初等小學堂在縣屬魯克沁城東北隅，光緒三十三
　　年知縣陳光煒就蒙養學堂改設。

一、官立第三初等小學堂在治城東八柵，宣統二年知縣劉謨就
　　公立半日學堂改設。


吐魯番回部：

一、私立初等小學堂在魯克沁城內西大街，光緒三十四年由世
　　爵葉郡王建設。[77]


據上，可知吐魯番地區的小學堂建設也始於光緒三十三年，至於這些
小學堂內部的學生、教師、教材等情況，《新疆圖志》並未提及，而
且該書僅記吐魯番地區有魯克沁一處私立初等小學堂，也嚴重不符史
實，如光緒三十三年十二月檔案中有「諭鄯善縣官立第一、二初等小
學堂，民立第一二三四初等小學堂教習准此」[78]，宣統二年仍有吐魯
番廳私立第一初等小學堂造報表的出現[79]等等，可見《新疆圖志》之
記載不全[80]，下文將逐一說明。

　　分析光緒三十三年十一月吐魯番廳老城、新城兩所官立初等小學
堂學生及老師的信息，不難發現他們是由原先官立蒙養學堂改設而來
[81]，同年十一月尚有民立初等小學堂四所，考察其學生及教習，也會

---

77 三處學堂引文俱見《新疆圖志》卷39〈學校二〉，頁713-714、735。

78 《清代新疆檔案選輯》第33冊，光緒三十三年十二月二八日，頁428。

79 同上注78，第35冊，宣統二年八月二十日，頁66-68。

80 當然也有可能跟《新疆圖志》〈學校志〉的編裁取捨有關。

81 同上注78，第33冊，光緒三十三年十二月初八日，頁412-413。

發現這些初等小學堂是由原有吐魯番廳新老城四所民立蒙養學堂改設
而來[82]，換言之，吐魯番廳在省府飭令改建初等小學堂的行動中非常
迅速和積極。那麼改建後的六所初等小學堂與原有蒙養學堂有何區
別，經分析發現，除教習與學生幾乎全為原班人員外，最大的變化在
於民立初等小學堂的課程增加了「修身、摹寫字課圖本」，更顯近代
學堂教育色彩。那麼官立與私立初等小學堂之間，其辦學層次及效果
有何差異，我們試以宣統二年上學期官立第一初等小學堂與私立第一
初等小學堂一覽表內容比較說明之，如下表：

### 宣統二年上學期官立、民立初等學堂對照表

| 學年<br>學堂 | 新疆省吐魯番廳官立第一初等小學堂一覽表[83] | 新疆省吐魯番廳私立第一初等小學堂一覽表[84] |
|---|---|---|
| 學堂總務 | 一、名稱：官立第一初等小學堂。一、成立緣起：由前任吐魯番廳曾炳熿就從前蒙養學堂改設，以軍需善後及捐廉為開辦費，光緒三十三年十月開學。一、坐落：治城西北隅。一、建置：講堂禮堂共一座，延賓室一間、自修室一間，教員室一間，廚茶房共一間，體操場一處。一、地面：堂舍占地面一千六百方尺，體操場占地面二千二百方尺，共占三千八百方尺。一、分科分班及各科各班開學時間，本 | 一、名稱：私立第一初等小學堂。一、成立緣起：由前任吐魯番廳曾炳熿就從前蒙養學堂改設，其開辦費民間自備。一、坐落：治城東南隅。一、建置：講堂一座、自修室二間、教員室一間、廚茶房共一間，體操場一處。一、地面：堂舍占地面一十四百方尺，體操場占地面一千二百方尺，共占二千六百方尺。一、分科分班：本堂六科一班，於光緒三十三年十月開學。一、膳宿及 |

---

82　《清代新疆檔案選輯》第33冊，光緒三十三年十二月初八日，頁414-416。

83　據《清代新疆檔案選輯》第35冊，頁154-155內容製作而成。

84　據《清代新疆檔案選輯》第35冊，頁66-68內容製作而成。

| 學年 \ 學堂 | 新疆省吐魯番廳官立第一初等小學堂一覽表[83] | 新疆省吐魯番廳私立第一初等小學堂一覽表[84] |
|---|---|---|
| 學堂總務 | 堂完全科一班五年，於光緒三十三年十月開學。一、膳宿及通學：本堂完全科不寄膳宿通學。一、逐年畢業（後殘缺） | 通學：本堂一班，不寄膳宿同學。一、逐年畢業。 |
| 職員教員 | 一、堂長兼教員：王錫爵，河南洛陽縣人，在新疆省立初級師範學堂習簡易科二年，未曾畢業，宣統二年正月到堂，每星期教授三十六鐘點，月薪三十兩。 | 一、堂長兼教員：陳忠堂，湖北黃陂縣文童，未入學堂，宣統二年正月到堂，每星期教授三十六鐘點，月薪由學生備送。 |
| 學生 | 現數十六名，姓名及入堂年月分錄於後：（略） | 現數五名，姓名及入堂年月分錄於後：陳□□、趙文斌、鄧長林、鄧知義、屋道明，以上五名光緒三十三年正月入堂。 |
| 課程及採用圖書 | 按照頒發乙表教授，因無纏蒙子弟，國語一課改授經學珠算，所有學科計每一星期三十六鐘點，細目分錄於後：**初等班**，修身（二）：用部頒初等小學修身教科書第二冊，授畢，代授省城官書局本孝經集注；讀講經（十）：用省城官書局本論語，現教授自子罕……國文（六）：用部頒初等小學國文教科書三冊……習字（六）：用部頒初等小學習字帖……算術（四）：用部頒初等小學堂算術教科書……珠算（四）：用商務印書館最新初等小學珠算教科書上……體操 | 按照初等小學簡易科課程表教授，惟歷史、地理、格致諸門，因學生程度□低，暫改修身、經學，所有學科每星期三十六【中殘缺】。修身（五）：用部頒初等小學修身教科書，授畢，代授孝經集注，自聖章起至喪親章止，授畢，又代授省城官書局本小學集注，現教授自立教篇起至明倫篇坐則視膝句止。讀講經（十）：用省城官書局本論語，現教授自先問篇子張問善人之道起，至陽貨篇馬能繫而不事句止。國文（六）：用部頒初等小學國文 |

| 學年　學堂 | 新疆省吐魯番廳官立第一初等小學堂一覽表[83] | 新疆省吐魯番廳私立第一初等小學堂一覽表[84] |
|---|---|---|
| 課程及採用圖書 | （四）：用部頒初等小學體操教授書…… | 教科書，現教授自第二冊第四十課少康起，至第四冊第二十課帳簿止。習字（三）：用部版初等小學習字帖，現教授第二冊。珠算（六）：用商務印書館珠算教科書上甲，現教授至第二篇第二課之乘法止。體操（六）：用部頒初等小學體操教授書，現教授第一冊第二十八課運動會止。 |
| 經費　入款 | 本學期總入銀三百零四兩，細目分錄於後：一、軍需善後項下收入銀二百兩。一、捐廉收入銀一百零四兩。 | 本學期總入銀一百三十八兩，細目分錄於後（後殘缺） |
| 經費　出款 | 本學期總出銀三百零四兩，細目分錄於後：一、教員新脩本學期付出銀一百八十兩。一、丁役工食本學期付出銀二十四兩。一、服食用品本學期付出銀四十二兩。一、圖書標本器具本學期付出銀四十二兩。一、項付出銀十六兩。 | 本學期總出銀一百三十八兩，細目分錄於後（後殘缺） |
| 資產 | 總計銀九百一十兩，細目分錄於後：一、堂舍及基地約值銀六百八十兩。一、場所及設置約值銀八十兩。一、書籍圖畫器具約值銀一百五十兩。 | 總計銀四十兩，細目分錄於後：圖書標本器具共值銀四十兩（後缺） |

分析上表，不難發現公立比私立辦學層次和實力要堅實許多，以師資而言，當時實行堂長兼教員制，主要由於師資的缺乏，如《奏定學堂章程》所論，「小學以多為貴，而經費多則難籌，教師多則難覓，故外國小學多以管理員兼充教員。今日中國師範難求，宜仿其意，堂長即兼教員」、另外「初等小學堂之堂長，本應用在師範學堂畢業，實通曉管理法者」[85]，如此，公立初等小學堂教員接受過師範教育學校，符合辦學要求，而私立教習仍為傳統文童人員，未接受學堂教育，所以師資不能達標。其薪水數額及保障也自然不同。在辦學規模上，公立學堂有十六名學生，而私立學堂只有五名學生，人數顯然過少。

在課程方面，《奏定學堂章程》規定「初等小學堂之教授科目凡八：一修身、二讀經講經、三中國文字、四算術、五歷史、六地理、七格致、八體操。」[86]但也考慮到「惟有鄉民貧瘠，師儒稀少地方，不能不量從簡略，以期多設，應另定簡易科，其科目凡五」，即修身讀經合一科、中國文字一科、歷史地理格致合為一科、算術一科、體操一科。[87]但是公立學堂也明確說明「因無纏蒙子弟，國語一課改授經學珠算」，私立學堂也說明「惟歷史、地理、格致諸門，因學生程度□低，暫改修身、經學」，所以吐魯番兩所學堂的課程與《奏定學堂章程》規定的八門課程或者簡易五科都有差異。為便於比較，我們仍將以上兩所學堂課程及每週所上鐘點列表如下：

---

85 俱見《中國近代教育史資料彙編》〈學制演變〉，頁304。
86 同上注85，頁293。
87 同上注85，頁294。

| 課程<br>公私 | 修身 | 讀講經 | 國文 | 習字 | 算術 | 珠算 | 體操 |
|---|---|---|---|---|---|---|---|
| 公立 | 2 | 10 | 6 | 6 | 4 | 4 | 4 |
| 私立 | 5 | 10 | 6 | 3 | 無 | 6 | 6 |
| 章程 | 2 | 12 | 4 | | 6 | | 3 |

需要說明的是，表格第三欄所加「章程」係《奏定學堂章程》第三年的課程鐘點數[88]，因為以上兩學堂於光緒三十三年十月開辦，至宣統二年上學期，應該進入第三年，所以補入相應時段的課程鐘點以便比較。不難看出公立學堂的課程及鐘點數比較接近學堂章程的規定，但兩者都缺少歷史、地理、格致這些本應開辦的科目，這無疑與新疆師資缺乏有關。

再以學堂經費來源與資產而言，官立學堂的經費來自軍需善後及官員養廉兩項，頗有保障，但私立學堂則由民間自備，往往充滿變數。若論資產，相差更為懸殊，公立學堂的資產竟然為私立學堂的二百倍還多，正是由於這種巨大的差異，私立第一初等小學堂大不如公立第一初等小學堂的教學質量，因此私立第一學堂的造報人不得不聲明，「查本堂學生僅只五人，程度未就範圍，本年下學期擬將學生併入官立第一初等小學堂補滿一班」[89]。

## 2 兩等小學堂

《奏定初等小學堂章程》規定「初等小學堂之教科與高等小學堂之教科並置於一所者，名為兩等小學堂。」[90]根據片岡一忠對《新疆

---

88 《中國近代教育史資料彙編》〈學制演變〉，頁298。
89 《清代新疆檔案選輯》第35冊，宣統二年八月二十日，頁66-68。
90 同上注88，頁292。

圖志》〈學校二〉的統計，新疆全省當時建設過七所兩等小學堂[91]，其中就包含吐魯番地區的一所官立兩等小學堂，另據一件年代不詳的檔案顯示，吐魯番廳「官立兩等小學堂原係宣統元年二月開辦，所有高等預科一班按照定章兩年畢業」[92]，據此可知這所兩等小學堂的班級設置中含有預科班這一形式，但其具體的分班層次及詳細情況以往並不為人所知，茲以宣統二年上學期該學堂的學務要略表及一覽表分析之，如下表[93]：

### 宣統二年上學期兩等小學堂要略表

| 新疆吐魯番廳學務要略表 | | | | | |
|---|---|---|---|---|---|
| 學堂名稱 | 官立兩等小學堂 | | | | |
| 職教員姓名 | 職任 | 履歷 | 年歲 | 籍貫 | 任事年月 |
| 劉窩倫 | 堂長兼教員 | 省城初級師範簡易科畢業生 | 三十一 | 新疆鎮西廳附生 | 本年二月 |
| 余天民 | 副教員 | 省城初級師範簡易科畢業生 | 三十六 | 湖北黃安縣人 | 本年閏二月 |
| 高等預科班二十人 | | | | | |
| 學生姓名 | 籍貫 | 年歲 | 入學年月 | 保證人 | |
| 宋守禮 | 本地 | 十三 | 元年二月 | 亦金忠 | |
| 宋守義 | 本地 | 十五 | 同上 | 亦金忠 | |
| 張毓秀 | 四川 | 十五 | 同上 | 李馥桂 | |
| 陳崇訓 | 湖北 | 十三 | 同上 | 張廷賓 | |

91 片岡一忠：《清朝新疆統治研究》，頁312-313。

92 《清代新疆檔案選輯》第36冊，年代不詳，頁187。

93 同上注92，第34冊，宣統元年七月，頁230-231。

| 學生姓名 | 籍貫 | 年歲 | 入學年月 | 保證人 |
|---|---|---|---|---|
| 何維善 | 回教 | 十六 | 同上 | 王得倉 |
| 禹貽堂 | 回教 | 十一 | 同上 | 葉瑞和 |
| 馬呈詳 | 回教 | 十三 | 同上 | 馬興魁 |
| 陳光裕 | 敦煌 | 十四 | 同上 | 吳占元 |
| 禹明孚 | 回教 | 十三 | 同上 | 葉瑞和 |
| 宋守智 | 本地 | 九 | 同上 | 亦金忠 |
| 顧榮華 | 回教 | 十六 | 同上 | 馬興魁 |
| 何玉璋 | 回教 | 十六 | 同上 | 寇得禎 |
| 亦興祿 | 回教 | 十六 | 同上 | 馬興魁 |
| 赫慶元 | 回教 | 十六 | 同上 | 馬興魁 |
| 哈良才 | 回教 | 十六 | 同上 | 冠得禎 |
| 柯有成 | 回教 | 十 | 同上 | 亦金忠 |
| 陳崇懿 | 湖北 | 十五 | 同上 | 張廷賓 |
| 馬兆榮 | 回教 | 十六 | 同上 | 王得倉 |
| 楊仕傑 | 回教 | 十七 | 同上 | 楊萬財 |
| 柯有模 | 回教 | 十四 | 同上 | 王得倉 |
| 初等班二十人 | | | | |
| 王蘭芳 | 回教 | 十四 | 元年閏二月 | 馬興魁 |
| 麻玉堂 | 回教 | 十三 | 同上 | 馬興魁 |
| 楊玉琨 | 本地 | 十五 | 同上 | 辛發福 |
| 張慶祿 | 甘肅 | 十三 | 同上 | 趙養志 |
| 畢聯魁 | 回教 | 十四 | 同上 | 亦金忠 |
| 劉修志 | 湖南 | 十四 | 同上 | 張子貴 |
| 裴良棟 | 回教 | 十五 | 同上 | 亦金忠 |
| 楊福祿 | 回教 | 十六 | 同上 | 陳漢儒 |

| 學生姓名 | 籍貫 | 年歲 | 入學年月 | 保證人 |
|---|---|---|---|---|
| 單庭詳 | 本地 | 十三 | 同上 | 陳漢儒 |
| 邊開榜 | 本地 | 十一 | 同上 | 吳占元 |
| 鄧長祜 | 甘肅 | 十四 | 同上 | 辛發福 |
| 寇成貴 | 回教 | 十 | 同上 | 馬興魁 |
| 郭維新 | 甘肅 | 十 | 同上 | 李明德 |
| 盧馬詳 | 回教 | 十一 | 同上 | 寇得禎 |
| 馬玉林 | 回教 | 十三 | 同上 | 寇得禎 |
| 馬文桂 | 回教 | 十 | 同上 | 陳漢儒 |
| 馬國屏 | 回教 | 十四 | 同上 | 寇得禎 |
| 童明光 | 回教 | 十二 | 同上 | 陳漢儒 |
| 王寶鑄 | 天津 | 九 | 同上 | 吳占元 |
| 馬華貴 | 回教 | 九 | 元年五月 | 裴萬福 |

據上，吐魯番兩等小學堂配有堂長一名，教員兩名（兼任一員）。根據章程，「初等小學堂設堂長一人，主持全學教育，督率堂內教員及董事司事；若與高等小學堂合辦者，即無庸另設。」[94]又「小學以多為貴，而經費多則難籌，教師多則難覓，故外國小學多以管理員兼充教員。今日中國師範難求，宜仿其意，堂長即兼充教員。若學生在六十人以上，一人斷難兼顧，方可置正教員或副教員以補助之。若與高等小學合辦者，可多置副教員。」[95]統計吐魯番兩等小學堂人數為四十一人，雖不到六十人，但堂長兼教員之外設一副教員的配置還是比較合理的。而且這兩位教員都為省城初級師範簡易科畢業生，也符合《奏定學堂章程》對師資的基本要求。至宣統三年六月份的調查顯

---

94 《中國近代教育史資料彙編》〈學制演變〉，頁304。
95 同上注94。

示，兩等小學堂的教習堂長都已更換，而且增添了一位新教員，總數達到三名。[96]

吐魯番兩等小學堂內部又分為高等預科班與初等班兩種，如前文所揭，預科班定為兩年畢業，但兩年後的宣統三年，據報「該班學生均由各初等小學選入，年齡不齊，程度參差，不能一律升班，正值周省視學恆瓚查學來吐，當堂嚴考功課，其學科程度應升高等本班者僅只七名，第就卑廳開設高等小學，而學生太少，不能成立一班，後與周視學會商，至再擬將此次升班學生送入省城中學堂之年，師範或歸迪華府之模範學堂高等班肄業，於學生年齡程度兩□□□，其選入模範學生，每月每生納費六兩，應由□廳籌繳。至兩等學堂預科班，除升班學生七名外，下餘學生不足一班額數，擬於各初等小學擇其程度稍優者補足一班，懇請憲臺將高等預科名目裁去，以本學期為第四學年第一學期，作為初等第四年班學生二年後即可肄業升班，程度必能穩當」[97]，據此，吐魯番當局很有可能將原本四年的高等小學堂分為兩年預科和兩年高等班[98]，但達到升入高等班要求的只有七人，尚不足以組建一班，最後吐魯番同知與巡視學務人員商議，決定將其送入迪化府學習。另外，根據吐魯番的實際情況，建議裁撤高等預科名目，著力初等小學堂階段的學習，宣統三年六月吐魯番廳官立兩等小學堂的調查表顯示已經沒有預科班的設置，只有初等兩班而已[99]，這等於兩等小學堂在吐魯番不復存在。值得注意的是，「本堂高等預科班學生二十人均寄膳宿」[100]，並且回民學生占該堂學生總數的一半

---

96  詳見《清代新疆檔案選輯》第35冊，宣統三年，頁259。

97  同上注96，第36冊，年代不詳，頁187。

98  見《中國近代教育史資料彙編》〈學制演變〉，頁308「高等小學堂學習年數，以四年為限」。

99  同上注96，宣統三年，頁259-260。

100 同上注96，宣統二年八月二十日，頁68-72。

還多，這是由於兩等小學堂學生是由原有初等小學堂學生招生而來，而此前吐魯番官立、民立初等小學堂中回民學生又占絕對多數，所以呈現在兩等小學堂中的回民學生也占多數，這或許也說明清末吐魯番學堂教育中，回民持有比較積極的態度，鼓勵其孩童接收新式學堂教育。

根據相關章程的要求，「高等小學堂入學之齡，應俟初等小學畢業後升入肄業。但此時創辦，應暫行酌量從寬，凡十五歲以下，略能讀經而性質尚敏者，經考驗合格，亦可入高等小學堂。但此例係暫時通融，俟學堂開辦合法，五年後即不行用，應仍由初等小學畢業後升入。」[101]但觀察上表屬於高等小學堂階段的預科班學生年齡，二十人中仍有八人超過十五歲，可見新疆實際與章程規定仍有差距。而所謂的初等班無疑就是初等小學堂的培養階段，規定年限五年[102]，但考慮到新疆的實際情況，極有可能並未嚴格按照學部頒發的章程行事，因為新疆省府往往會加以變通，加之這些初等小學堂多從蒙養學堂轉化為而來，所以其學生總的實際學習年限已經接近小學堂的學習年限。[103]

最後，從表中可以看出每位學生都有保正人，這與官立小學堂的設立宗旨有關，因為「官設初等小學堂，永不令學生貼補學費，以便貧民，庶可期教育之廣及；公立私立者不在此限。」[104]換言之，官立小學堂由官府籌措資金，但為了防止學生入學後逃學退學現象的發生，便施行了所謂的保人制度。如光緒三十三年，省府下文「查《奏定學務綱要》學生未畢業不准另就他事條內載，各學堂未畢業學生概

---

101 《中國近代教育史資料彙編》〈學制演變〉，頁315。
102 同上注101，頁293「初等小學堂學習年數，以五年為限。
103 如從光緒三十二年改設義學為蒙養學堂算起，至宣統元年也已四年。
104 同上注101，頁293。

不准無故自行退學及由他處調充別項差使，如有故犯禁令，希圖退學及於放假期內潛往他省就事，查出後咨照該省立即撤退押送回籍外，並應追繳在學堂一切費用，惟保人是問」[105]，甚至有時學生在校辱罵師長，保人也要被議處[106]。然而保人制度往往違背社會生活的實際情況，因此常有人反映，如光緒三十四年「案據屬孚遠縣魏令霖樹稟稱，竊卑職遵奉鈞諭改設小學堂三處，無如生徒父兄相戒毋前，盡趨鄉塾，推原其故，皆因取具甘結保狀依限畢業，視為畏途，查此間子弟入學只求□識文字，即便改業，故願入鄉塾，出入可以自如，不願入官學，父兄因而獲咎」[107]，可謂道出了保人制度的種種不便。

　　與初等小學棠經費來源稍有所不同的是，兩等小學堂「其開辦費由廳捐廉及籌款支出，本年殷實紳員捐助成本銀一萬一千兩，發商生息，每月一分三釐，開支不敷，仍由廳捐廉」[108]，少了軍需善後項下的經費，轉而尋求社會資金「發商生息」這種方式，不敷再由官員捐廉補足。該堂資產也非常雄厚，如「總計銀一萬七千三百兩，細目分錄於後：一、堂舍及基地約值銀一千五百兩。一、場所及設置約值銀四百兩。一、圖書標本用品約值銀二百兩，應用器具約值銀二百兩。一、勝金草湖戶民捐入成本銀四千兩。一、殷實紳商捐入成本銀一萬二千兩。」[109]

　　兩等小學堂的課程及圖書情況，我們同樣可以從該堂所造的一覽表中窺知，如下：

---

105　《清代新疆檔案選輯》第33冊，光緒三十三年五月初一日，頁319-320。
106　同上注105，第33冊，光緒三十三年五月二十四日，頁326-328。
107　同上注105，第69冊，光緒三十四年二月十七日到，頁429。
108　同上注105，第35冊，宣統二年八月二十日，頁68-72。
109　同上注105，第35冊，宣統二年八月二十日，頁68-72。

高等預科班三十鐘點，初等班三十六鐘點，細目分錄于後：**高等預科班**，修身（二）：用學部審定國民讀本，現教授自第一冊第二十三課，勿觀望政府起，至第三十九課止。珠算（二）：用商務印書館最新珠算教科書，現教授自第二冊第三篇第九條第三類乘法及其應用問題。國文（六）：用部頒初等小學國文教科書第四冊，授畢，代授經學，省城官書局本詩經，現教授卷一自周南篇關關雎鳩章起，至邶風篇匏有苦葉章，仍授國文教科，第五冊第一課座右銘起，至第二十課，自勵止。歷史（二）：用商務印書館最新中國歷史教科書上冊，現教授自第一課三皇起，至第三十三課張騫止。地理（二）：用商務印書館新中國地理教科書第一冊教授，自第一課發端起，至第三十三課察木多止。習字（五）：用部頒初等小學習字帖，現教授第二冊。圖畫（一）：用部頒初等小學圖書第二冊，現教授自第十四課蛤起，至第三十三課兔止。體操（三）：用部頒初等小學體操教授書，現教授至第一冊第十四課籠球。格致（二）：用商務印書館最新初等小學格致教科書，現教授自第一冊第一課松起，至第三十三課稻止。**初等班**，修身（二）：用省城官書局本孝經集注，現教授自事若章起，至喪親章，授畢，代授省城官書局官書局本小學集注，自立教篇恒言不稱老止。讀講經（六）：用省城官書局本論語，現教授自憲問篇子曰若子而不仁者有矣。夫起授畢，續講查子自梁惠王篇起，至莊暴見孟子篇止。算術（四）：用部頒初等小學算術教授書。珠算（一）：用商務印書館最新珠算教科書。國文（五）：用部頒初等小學國文教科書。歷史（一）：用文明書局蒙學中國歷史教科。地理（一）：用文明書局蒙學中國地理教科書。格致（一）：用商務印書館格致課本。習字

（五）用部頒初等小學習字帖。圖畫（一）：用部頒初等小學圖畫教科書。體操（三）：用部頒初等小學體操教授書。[110]

比較前引初等小學堂開設的課程，不難發現兩等小學堂的課程更加全面，尤其是一向未開設的歷史、地理、圖畫、格致四門，都可以在高等預科班中看到，初等班也開設有地理、格致、圖畫科目，這說明兩等小學堂的課程建設比較健全，極有可能跟該堂教員出身於省城師範學堂有關，使其具備教授這些科目的能力，這也是新式學堂的最大特色。其每週鐘點數與相關章程的區別可以從下表中看出。[111]

| 課程<br>學堂<br>類型 | 修身 | 讀講經 | 中國文學 | 算術 | 中國歷史 | 地理 | 格致 | 圖畫 | 體操 | 習字 | 珠算 | 總計 |
|---|---|---|---|---|---|---|---|---|---|---|---|---|
| 高等小學 | 2 | 12 | 8 | 3 | 2 | 2 | 2 | 2 | 3 | 未設 | 未設 | 36 |
| 高等預科 | 2 | 未設 | 6 | 未設 | 2 | 2 | 2 | 1 | 3 | 5 | 2 | 25 |
| 初等小學 | 2 | 12 | 4 | 6 | 1 | 1 | 1 | 未設 | 3 | 未設 | 未設 | 30 |
| 初等班 | 2 | 6 | 5 | 4 | 1 | 1 | 1 | 1 | 3 | 5 | 1 | 30 |

通過上表，可以發現初等班與章程總鐘點數相符，但高等預科與高等小學章程鐘點總數相去甚遠，且兩者都與宣稱的「高等預科班三十鐘點，初等班三十六鐘點」不符，對於某些課程也有所調整，並非完全按照朝廷章程設置。這一切都說明，在新疆新辦教育必須結合新疆特殊的人文地理環境，做出必要調整和變通。

---

110 同上，括號內數字為每週鐘點數。
111 《中國近代教育史資料彙編》〈學制演變〉，頁297、311。

## （三）半日學堂、漢語學堂、簡易識字學塾

　　儘管以上我們探討了蒙養學堂、初等小學堂及兩等小學堂，但會發現在這些學堂當中並無維吾爾學生的身影，那麼維吾爾學生到底身在何處，或許我們可以從半日學堂、漢語學堂、簡易識字學塾的討論中獲知一二。

## 1　半日學堂

　　光緒三十一年十一月初四日給事中劉學謙上奏朝廷：

> 再各省設立學堂，能入學者多係富家子弟，其貧寒子弟急待謀生者大半難得入學。擬請飭下各將軍督撫諭令各州縣廣籌經費，立半日學堂，專收貧寒子弟，不收學費，不拘年齡，使之無所藉口，無所畏難，延請教習，勤為講解，俾略識道理，漸能養成人格，似于風俗大有裨益。且此項學堂愈多愈善，無論城鄉，每二三百家即應設一處，庶向學者眾，教育可以普及。臣為廣開民智起見，是否有當，附片具陳，伏乞聖鑒，謹奏。[112]

劉學謙指出各省所設學堂多係富家子弟入學，而廣大急待謀生的貧寒子弟卻未得入學，為此建議各省廣設半日學堂，專收此類學生，以期普及教育。此奏很快得到朝廷的批准，學部初十日即咨文各省，「查興學宗旨，以教育普及為第一要義，而半日學堂之設，所以為貧寒子弟計者尤備，相應抄黏原奏，通行查照辦理可也」，次年正月二月，新疆省府便將此項興辦半日學堂的公文札發到吐魯番廳。[113]但吐魯番

---

112　原載《學部官報》第1期，李桂林、戚名琇、錢曼倩編：《中國近代教育史資料彙編‧普通教育》（上海市：上海教育出版社，1995年），頁36。
113　俱見《清代新疆檔案選輯》第33冊，光緒三十二年二月十九日，頁176。

廳直到光緒三十四年五月才向省府報告「○廳遵於本年五月十八日在
南關開辦半日學堂，招選貧民子弟十二名，派文童劉代璜為教員，所
需津貼費用現未籌有的款，暫由○廳捐廉發給，所有開辦半日學堂日
期各緣由理合備文報憲臺電鑒存案」[114]，即吐魯番將近一年半後才開
辦了一所半日學堂，這正是《新疆圖志》〈學校二〉中所記載的「官立
半日學堂在治城西北隅，光緒三十四年同知曾炳熿建設」[115]的寫照。

## 2 漢語學堂

　　光緒三十一年十月，省府再次札飭廣設漢語半日學堂，吐魯番廳
同知稍後匯報道：

> ○廳遵即傳諭纏民鄉約、阿洪人等趕緊挑選子弟擇地開學，先
> 于老城、新城、東路二三堡、西路托克遜開辦四堂，每堂挑選
> 纏民子弟三十名，老城派通事哎沙為教員，本月十五日開學，
> 新城派毛拉鐵木耳為教員，本月十六日開學，東路二三堡派毛
> 拉忙尼西阿為教員，本月二十四日開學，西路托克遜派通事
> 若子買提為教員，本月二十八日開學，各教員按月由○廳發津
> 貼銀四兩，遵章教授，預立纏學基礎，惟纏俗殊教，人多觀
> 望，經該鄉約等再三勸諭專學漢語，暫不讀書，始願入學，○
> 廳復遣勸學員善為開導，默化潛移，俟數月後當可開通風氣，
> 以仰副憲臺殷殷興學之意，所有遵設漢語半日學堂緣由理合
> 具文。[116]

---

114　《清代新疆檔案選輯》第70冊，光緒三十四年五月二十四日，頁121。

115　王樹枏等纂修、朱玉麒等整理：《新疆圖志》中冊，卷39〈學校二〉，頁714。

116　同上注114，光緒三十四年十一月二十九日，頁389。

至此，我們終於看到維吾爾學生的身影，吐魯番廳在老城、新城、二三堡、托克遜開辦四所漢語半日學堂，令懂得漢語的四位維吾爾毛拉、通事充當教習，但礙於習俗宗教之不同，人多觀望，鄉約、勸學員等明確告知「專學漢語，暫不讀書」，雖然最後有人入學，但仍然可以看出維吾爾對昔日義塾教育仍有極大的牴觸。

## 3 簡易識字學塾

其後，清廷「預備仿行立憲」，計畫光緒三十四年頒布預備立憲，並認為教育為基礎，所以擬定「宣統元年應頒簡易識字課本，廳州縣設簡易識字學塾，頒國民必讀課本；宣統二年，應推廣廳、州、縣簡易識字學塾；宣統三年，遞推於鄉鎮；至宣統八年，須人民識字得二十分之一」[117]的計畫，也就是說，從宣統元年開始進入到簡易識字學堂的建設上來，新疆提學使反映：

> 竊查憲政編查館奏定逐年應行籌備事宜折單內開，第二年頒布簡易識字課本，創設廳州縣簡易識字學堂等因，遵奉在案，查本省幅員遼闊，交通艱難，文報往還動逾數月，此刻上學期已過，部編簡易識字課本未必盡同，而以之教授初學尚屬適用，擬飭各府廳州縣迅將簡易識字學塾依例籌設，于文到日內成立，以期無誤籌備立憲期限，即以此項方字暫行教授，俟部編課本到新，再行通發改用，至南疆纏民不通漢語者，斷難識字，此項學塾似難另行創設，查漢語學堂章程原定半日教授漢語，擬將此項學塾併入漢語學堂，即以半日教授識字，以期易舉，所有擬飭各屬遵限籌設簡易識字學塾暨變通辦理各緣由，

---

117 王樹柟等纂修、朱玉麒等整理：《新疆圖志》中冊，卷38〈學校一〉，頁697。

是否有當，理合備文詳請憲臺鑒核示遵，為此具詳，伏乞照詳施行。[118]

新疆地域廣闊，交通不便，文報動需數月，因此已經過了光緒元年上學期設立簡易識字學堂的期限，另外，簡易識字課本尚未到位，只能以方字代替，更為重要的是南疆的維吾爾子弟不通漢語，不識漢字，所以簡易識字學堂很難單獨設立，因此提學使擬請將簡易識字學堂與原有之漢語半日學堂合設，以便興辦。日後簡易識字學塾也確實附設於漢語學堂。隨後，吐魯番當局開始執行此項方案，宣統二年向省府報告，「查卑廳所屬城鎮鄉村前已設立四堂，其第二、第四兩堂於宣統元年十一月遵章加授簡易識字十八鐘點，後因期限促迫，一時驟難另招學徒，故暫就該堂變通辦法。其第一、第三兩堂現擬另招纏民子弟二十名，兼習官話，均改為漢語學堂。」[119]可知，吐魯番廳在二、四漢語半日學堂加入簡易識字課程，而將一、三兩堂改為專門的漢語學堂供纏民子弟學習漢語。同年八月，吐魯番廳繼續擴大學堂建設，如「照得本府案奉學憲札飭籌辦漢語簡易識字學塾，擬在勝金木頭溝添設識字學塾一堂，定於八月十五日開設，亟應派員教授，查有托克遜童生海晏清品學尚優，堪以派充，合行諭飭」[120]，即第五所漢語學堂得以建立，這些學堂正好被清朝末年所修《新疆圖志》〈學生二〉記載，其具體分布情況如下：

　　一、官立第一漢語學堂在治城內，光緒三十四年同知曾炳煇設
　　　　立，堂舍借用水利公司。

---

118　《清代新疆檔案選輯》第34冊，宣統元年七月，頁224。
119　同上注118，第35冊，宣統二年七月初五日，頁46。
120　同上注118，第35冊，宣統二年八月初十日，頁63。

一、官立第二漢語學堂在新城大街，光緒三十四年同知曾炳熿
設立，堂舍租賃禮拜寺兼簡易識字學塾。

一、官立第三漢語學堂自治城東路三堡大街，光緒三十四年同
知曾炳熿設立，堂舍租賃民房。

一、官立第四漢語學堂在治城西路托克遜大街，光緒三十四年
同知曾炳熿設立，堂舍租賃民房，兼簡易識字學塾。

一、官立第五漢語學堂在治城東路勝金，宣統二年同知王秉章
設立，堂舍租賃民房，兼簡易識字學塾。[121]

但是，由於《新疆圖志》編纂年代的限制，相關數據只載錄到宣統二年，稍後，省府再次下文強調，「查此項學塾為增多識字人民而設，憲政籌備單宣統六年人民識字義須百分之一，距今為期非遠，非將此項學塾極力推廣，恐不能如期無誤，應飭提學司勤□嚴催，以重要政，此項學塾形式不求完美，需款無多，入塾不限資格，招生尤易，不得藉口于風氣未開，財力不繼，致干貽誤憲政之咎」[122]，即為了完成籌備立憲設定的光緒六年識字率目標，降低要求，大加推廣。正是在此背景下，吐魯番廳宣統三年「為諭飭事，照得本府案奉學憲札飭吐屬各繁庶鄉鎮設漢語學堂兼簡易識字學塾，茲擬于托克遜新設學堂一處，定于八月十五日開學，亟應選招學生，而宏造就，合行諭飭，為此諭，仰勸學員、鄉約等遵照，刻即選招漢回、纏民聰穎子弟二十、十五名開單呈送，新建學堂內以定教授，而期推廣，勿得觀望延誤，切切特諭。右諭仰全學院海富貴、鄉約腮尚爾准此。」[123]這樣在清朝滅亡前夕，吐魯番廳實際上已有六所漢語學堂，其中四所兼簡易識字學塾。

---

121 王樹枏等纂修、朱玉麒等整理：《新疆圖志》中冊，卷39〈學校二〉，頁714。

122 《清代新疆檔案選輯》第35冊，宣統二年十月，頁120。

123 同上注122，宣統三年七月二十九日，頁280。

　　不過，從當時全國範圍來看，這類漢語簡易識字學堂原本作為初等小學堂的補充，但是後來逐漸反客為主，如宣統三年八月學部諮文新疆巡撫：

> 照得學生受教因年齡長幼而領悟記憶各有不同，按照學生年齡施相當教育，方克奏效。《簡易識字學塾章程》內載，簡易識字學塾專為年長失學及年幼家貧無力就學者而設，原以此項學塾招收年長失學學生最為合法，其因地方貧苦祇設有此項學塾，尚未籌設初等小學者，為學齡兒童計，與其坐待初等小學而佻違貽譏，不如暫行入塾，以資造就，不過一時權宜辦法，並於上年將簡易識字學塾系為年長失學而設，不過為初等小學之補，各省辦學人員應將初等小學妥速辦理，不得避重就輕各節分電各省遵照在案，近查各省仍有輕視初等小學，專以簡易識字學塾敷衍塞責，而入塾學生又以學齡兒童居其多數，輕重倒置，尚復成何事體，查本部奏定普及教育分別最要、次要辦法清單，將擬定《試辦義務教育章程》歸入最要一類，本年亟應切實籌畫，非將學齡兒童應入何項學堂嚴切規定，不足以清統系而免紛歧，並於義務教育不無障礙，應自本年下學期始，凡簡易識字學塾招收學生專以年長失學為限，至學齡兒童應入初等小學肄業，其未設初等小學之鄉僻地方並應趕速籌辦，以廣造就，相應咨行貴撫查照行知提學司轉飭遵照辦理可也。[124]

按照《簡易識字學塾》的規定，「簡易識字學塾專為年長失學及貧寒子弟無力就學者而設」[125]，但清末初等小學堂建設需要一定的投入，

---

[124] 《清代新疆檔案選輯》第35冊，宣統三年八月，頁298-299。
[125] 《中國近代教育史資料彙編》〈學制演變〉，頁572-573。

所以未能迅速設立，因而一些適齡兒童往往前往簡易識字學塾讀書，但各省顯然「避重（初等小學堂）就輕（簡易識字學塾）」，如此辦理，最大的好處就是投入少，而簡易識字學堂又能迅速設立。但清廷當時已經將初等小學堂作為試辦義務教育中的「最要一類」，所以必須確保適齡兒童納入初等小學堂內學習，因而規定各地應從宣統三年下學期始，簡易識字學塾只能招收年長失學之人。

由於簡易識字學堂「可仿日本二部教授法，以上半日、下半日分班，並可增設夜班」[126]，吐魯番簡易識字學塾又全部附設於漢語學堂當中，而漢語學堂又與半日學堂密切聯繫。一般來說，漢語半日學堂主要面向纏民子弟，專在學習漢語，其用意正如新疆提學使杜彤所言，「照得漢語學堂為纏民教育基礎，實將來教育普及之階梯，關係至為緊要」[127]，將纏民接受漢語教育視為日後普及教育的基礎和前提，有如今日之漢語預科教育。半日學堂則又類似於初等小學堂的設置，至於漢語兼簡易識字學堂則因地而異，如勝金漢語兼識字學堂舊有維吾爾學生及回民學生共同學習[128]，但只要學堂地處纏民子弟廣泛分布的鄉莊地區，無論哪種學堂自然擁有維吾爾學生的身影，其教學內容也當以學習漢語為主。為了直觀說明此類情況，我們可以從以下宣統二年上學期漢語（半日）學堂與半日學堂的設置對比中清晰認識到這一點。

---

126 《中國近代教育史資料彙編》〈學制演變〉，頁574。
127 《清代新疆檔案選輯》第35冊，宣統元年三月，頁7-8。
128 同上注127，宣統二年九月二十日，頁98-99。

## 宣統二年上學期漢語學堂與半日學堂對照表

| 學堂<br>內容 | 新疆省吐魯番廳官立第三漢語半日學堂一覽表[129] | 新疆省吐魯番廳官立半日學堂一覽表[130] |
|---|---|---|
| 學堂<br>總務 | 一、名稱：官立第三漢語半日學堂。一、成立緣起：由前任吐魯番廳曾炳煓創立，其開辦費由廳捐廉，光緒三十四年十一月開學。一、坐落：東路三堡天街。一、建置：講堂一座，教員室一間，茶房一間。一、地面：堂舍占地面一千六百尺。一、分科分班：本堂漢語一科一班於光緒三十四年十一月開學。一、膳宿及通學：膳宿一班通學。一、逐年畢業。 | 一、名稱：官立半日學堂。一、成立緣起：由前任吐魯番廳曾炳煓創立，其開辦費由廳捐廉，光緒三十四年五月開學。一、坐落：治城西北隅。一、建置：講堂禮堂共一座，自習室二間，教員室一間，廚茶房共一間，體操場一處。一、地面：堂舍占地面一千六百方尺，體操場占地面一百八百二十方尺，共占三千四百二十方尺。一、班□□開學時，本堂一班三年，於光緒三十四年五月開學。一、膳宿及通學：本堂一班不寄膳宿通學。一、逐年畢業。 |
| 職員<br>教員 | 一、堂長兼教員：忙尼西河，吐魯番人，前充廳署毛拉，光緒三十四年十一月到堂，每星期教授十八鐘點，月薪四兩。 | 一、堂長兼教員：王啟湯，湖南湘鄉縣文童，在新疆省立初級師範學堂習簡易科半年，因病請假，未曾畢業，宣統元年五月到堂，每星期教授十八鐘點，月薪二十兩。 |
| 學生<br>（一<br>班） | 現數二十五名，姓名及入堂年月分錄於後：麻木提、阿不都、阿不多、五子爾、繞則、由素爾、阿不都、胡爾板、木明、牙合甫、沙五克、？？買 | 現數十二名，姓名及入堂年月分錄於後：徐金□、楊恩貴、馬文德、馬金福、舍得有、馬得林、李學文、楊恩發，以上九名宣統元年二月入堂。何建業、丁順孝、丁貴， |

---

129 《清代新疆檔案選輯》第35冊，宣統二年八月，頁82。

130 同上注129，宣統二年八月，頁82。

| 學堂<br>內容 | | 新疆省吐魯番廳官立第三漢語半日學堂一覽表[129] | 新疆省吐魯番廳官立半日學堂一覽表[130] |
|---|---|---|---|
| 學生<br>（一<br>班） | | 提、和計定、甫拉提、五定爾、木合甫、麻計提、以爾拉英、肉子，以上二十五名光緒三十四年十月入堂。 | 以上三名元年五月入堂。 |
| 課程及<br>採用圖<br>書 | | 按照漢語半日學堂簡章，一堂一班教授所有學科，計每一星期授課十八鐘點，細目分錄於後：漢語（十八）：已教授漢語二百三句。 | 按照半日學堂簡章教授所有學科，計每一星期十八鐘點，細目分錄於後：一班，修身（一）：用部頒初等小學修身教科書。讀講經（二）：用省城官書局論語。國文（六）：用部頒初等小學國文教科書。習字（六）：用部頒初等小學習字帖。算術（三）：用部頒初等小學算術教授書，現教授至加減乘法。 |
| 經<br>費 | 入<br>款 | 本學期總入銀四十二兩，細目分錄於後：一、捐廉收入銀四十二兩。 | 本學期總入銀一百八十四兩，細目分錄於後：一、捐廉收入銀一百八十四兩。 |
| | 出<br>款 | 本學期總出銀四十二兩，細目分錄於後：一、教員新脩本學前付出銀二十四兩。<br>一、茶水柴歲付出銀十八兩。 | 本學期總出銀一百八十四兩，細目分錄於後：一、教員薪脩本學期出銀一百八兩，查教員薪脩春季分三個月月薪二十兩，夏季分三個月月薪十六兩。一、僕役工食付出銀二十四兩。一、教授用品付出銀二十兩。一、書籍圖畫付出銀二十四兩。一、雜項計出銀八兩。 |
| 資產 | | 查該堂系租賃民房，現無資產。 | 總計銀五百六十兩，細目分錄於後：一、堂舍及基地值銀四百八十兩。一、圖書標本器具共值銀八十兩。 |

通過以上對比，不難發現漢語半日學堂的教習是曾在官府當過毛拉的
纏民教習，而半日學堂則為省城師範學堂學習過的漢民教習；學生構
成上，前者全為纏民子弟，後者無一名纏童，全為懂得漢語的回
（漢）學童；課程方面，前者按照《漢語半日學堂章程》一週十八鐘
點，全部教習漢語，後者雖然也為十八鐘點，但其教習內容有如初等
小學堂之簡易課程；經費資產方面，後者顯然要比前者更為雄厚。

　　然而當時「新省孤懸塞外，地方遼闊，種族紛雜，蒙哈而外，纏
民最占多數，其餘漢回錯處，回民又較漢民為多」[131]，如果新疆學堂
教育只僅限於漢、回子弟，而未普及於最占多數的維吾爾子弟，則清
末新疆學堂教育的普及將大打折扣。省府也完全瞭解這種情況，所以
希望纏民子弟能夠先懂漢語，然後才能普及教育，為此一再強調「照
得漢語學堂為纏民教育基礎，原期畢業後就入初等小學，語言不至有
所隔閡」，而且「近年以來，新屬設立初等小學，暨實業藝徒各學
堂，多由漢語學堂挑選學生」[132]，雖然如此，但維吾爾子弟入堂學習
漢語仍然困難重重，並且在實際操作中也弊端叢叢，如宣統二年新城
商民以不拉引等反映：

　　　　敬稟者，為招生不計，懇請明定規模事，竊維振興學務，實于
　　　　地方裨益，培植人才，普及教育，當先招選纏民子弟入堂，亦
　　　　應家道通融者方能培植，為此除選招學生，非過于家道貧寒，
　　　　即係道路遙遠之戶，纏俗教典食用住宿實多不便，若依該總董
　　　　暗開名子，不分大小貧賤，勒令子弟入學，誠恐滋生事端，仰
　　　　懇仿照前憲曾籌設漢語學堂之法，諭飭各處阿洪鄉約查看良
　　　　莠，分明家道，無論招生多寡，皆由阿洪鄉約酌量情形選送入

---

131 《清代新疆檔案選輯》第35冊，宣統二年五月，頁55。
132 同上註131，宣統三年六月，頁255-256。

堂，庶免閭閻不靜，滋生他故。再又新城漢語學堂教員托和地
日每以木棒拷打學生，眾民俱有怨言，均不願子入堂，民等只
得稟明叩乞大人作主，俯准諭飭阿洪鄉約查照前次頒發，以便
選送學生入堂，並乞另派教員教授之初出自鴻裁，如蒙允准，
伏候批示飭遵。[133]

可見，雖然半日學堂、簡易識字學堂等主要為貧民子弟設立，但招選
纏民子弟仍不能不考慮家道經濟、道路遠近，而且按照纏民宗教習
俗，每日須做禮拜，在校實多不便。但作為勸學所的總董並不考慮實
際情況，一味勒令學生入學，而且新城教員又每日棒打學生，致使維
吾爾子弟不願入學，所以民眾請求仍按以前辦法，由阿洪鄉約酌量情
形選送入堂，這也說明了勸學所無能。此外，勝金學堂教習反映「查
有學塾腮都爾等十二名逃學日久，抗不到堂」，實際上這十二名學生
全為纏童。[134]究其原因，還是由於維吾爾宗教語言的巨大差異，宣統
三年提學使下文道：

> 竊查化育邊民以統一語言文字為入乎，新省纏民教育自以漢語
> 學堂為基，三年以來各屬漢語學堂雖已編設，而以纏民之迷信
> 宗教，群以入漢學讀書為改從漢人，背其宗教，況現時官家告
> 諭民間詞訟均尚沿用纏文，通文之毛拉謀食甚便，至教堂之阿
> 渾、依瑪木各職尤為眾所尊視，纏民子弟仍以纏文經典為有
> 用，蓋深□則可充阿洪，淺亦可充毛拉，既得榮譽，又便謀
> 生，民俗狃于所學，實亦人情難免，纏民淨貧，對于籌款招
> 生，多以學堂兼習纏文為要，□返時，第五六路省視學擬定疏

---

133 《清代新疆檔案選輯》第35冊，宣統二年六月十二日，頁40-41。
134 同上注133，宣統三年五月，頁227。

附縣《變通學務辦法》，亦以各堂于正課外加習纏文，應列表為請，蓋實有不得已者，護司竊維纏民因於習俗，要非因勢利導，難以實效，且變通□□不獨□屬為然，擬請將通省纏民漢學堂、簡易識字學塾、高、初、兩等小學、初等實業各堂一律于定章辦理外加授纏文一科，以袪具阻之病。[135]

可見，維吾爾子弟入堂學習漢語，會被視為改從漢人習慣，背其宗教。最關鍵的是其本身所操維吾爾語在現實生活中有著廣泛現實用途，只要深入研究，就有可能充當被世人尊敬的阿洪、依瑪木，稍淺者也可充當毛拉，這樣「既得榮譽，又便謀生」，試問誰又願意花費時間用於被視為離經叛道的漢語學習。因此在實際操作中，便有疏附縣地方不得不有所變通，在學堂之外悉加纏文科目，省府瞭解情況後，也將這種辦法推行至全疆各地的其他學堂之中，此即新疆特殊的人文地理環境對近代學堂課程教育的影響，實際上也是現代正規學校教育中雙語教育的濫觴。

## （四）藝徒學堂、實業學堂

### 1 藝徒學堂

光緒二十九年十一月，朝廷便頒發了《奏定藝徒學堂章程》，旨在「令未入初等小學而粗知書算之十二歲以上幼童入焉，以授平等程度之工業技術，使成為良善之工匠為宗旨，以各地方粗淺之工業日有進步為成效。畢業無定期，至多以四年為限。」[136]光緒三十二年八月新疆省府札文吐魯番，令其知照此事：

---

135 《清代新疆檔案選輯》第35冊，宣統三年，頁264-265。
136 《中國近代教育史資料彙編》〈學制演變〉，頁450。

光緒三十二年七月初五日准學部咨開，照得教育大旨厥有三端：曰高等教育所以培養人才，曰普通教育所以鑄國民，曰實業教育所以振興農工商諸實政，教育相資，富強可致，中國地利未盡，工藝未精，商業未盛，推求其故，由于無學，本年三月欽奉上諭明示教育宗旨，以務講求農工商各科實業昭告海內，本部以興學為專責，自應及時籌劃以期逐漸振興，查《奏定章程學務綱要》中有各省宜連設實業學堂之條，高等、中等、初等農工商實業學堂，實業補習學堂，藝徒學堂，皆經分別訂有章程，又訂有實業教育講習所章程，並於初級師範學堂章程內定有農工商各科課程，能實力推行，自足為振興實業之基，為此通行各省一律遵照來稟籌設各項實業學堂，按照地方情形先設中等初等實業學堂及實業補習普通學堂，此外尤應多設藝徒學堂，收招貧民子弟課以粗淺藝術，俾得有謀生之資，應轉飭各府廳州縣無論城鄉市鎮皆應酌量籌設，預儲教員，尤為重要，應于各省城先立實業教員講習所，漸次推行，飭各府廳州縣設法分立，以廣師資，至初級師範學堂農工商法科原係酌量加習，今擬改為必修課，合師範學堂各自認習一科，亦可備將來初等實業學堂實業補習普通學堂藝徒學堂教員之選，要之，注重實業實為普及教育中切要之圖，其教授之法重實習，不重理論，由淺而入精深，其教授所取材宜就本地所有隨時採輯，遇事發明，務使全國人民知求學即所以課生，欲謀生必先求學，庶國民不至視求學為高遠難能之事，而各能自振其業，以為致富國強之基，至經費所出純恃官款，必有不敷，查奏定章程於實業學堂通則中特立專條，各省官員紳富，有能慨捐鉅款報充實業學堂經費者，或籌集常平的款，自行創設實案學堂者，量其捐資之多寡分別奏請匯優獎勵，自應援照辦理以資激

勸，除各省已立上開各項學堂及高等實業學堂，即行查明咨部
外，余均于文到之日為始，限六個月內統將籌辦情形咨部立
案，並請飭提學使司將辦理詳情各學堂學生實習成績，各府廳
州縣實業衰旺比較繕具圖說表冊，按照學期詳報本部查復，除
分諮外，相應諮行貴撫，查照辦理見復可也。[137]

學部概括性的介紹了各省應該設立實業學堂、藝徒學堂的用意及創設
辦法，省府遂將此項公文札發給各地，令其周知。但新省藝徒、實業
學堂的開設還要等兩年以後，光緒三十四年提學使杜彤札文各地，
「竊照本署司詳請變通部章，擬先於繁庶各地方設立藝徒暨蠶絲各學
堂一案，於本月十八日奉撫憲批開，據詳已悉，應照所擬速辦」[138]，
在此情況下，宣統元年吐魯番廳同知王秉章與鄯善知縣劉謨遂在廳城
東街合辦官立藝徒學堂一所[139]，該學堂詳細設置情況，我們可以從宣
統二年官立藝徒學堂一覽表[140]中窺知，如下：

### 宣統二年上學期官立藝徒學堂表

| 新疆省吐魯番廳官立藝徒學堂一覽表 | |
|---|---|
| 學堂總務 | 一、名稱：官立藝徒學堂。一、成立緣起：由現署吐魯番廳王秉章會同鄯善縣劉□於宣統元年十一月設立，其開辦費用由廳暨鄯善縣公共籌款，宣統元年十一月開學。一、坐落：廳城東街。一、建置：講堂禮堂共一座，教員室一間，藝師室二間，自習室四間，製造房二間，廚茶房共一間，延賓室一間，陳列所一處，體操場一處。一、地面：堂舍占地面三千九百方尺，體操場占地面二千八百 |

| 新疆省吐魯番廳官立藝徒學堂一覽表 | |
|---|---|
| | 方尺，共占六千七百方尺。一、分科分班及各科各班開學時：本堂分普通、實習兩科，於宣統元年十一月開學。一、膳宿及通學：本堂一班不寄膳宿通學。（後殘缺） |
| 職員教員 | 一、普通科教員：陳漢儒，甘肅敦煌縣文童，未入學堂，宣統元年十一月到堂，每星期教授十八鐘點，月薪二十兩。一、木工教師：任成山，吐魯番人，未入學堂，宣統元年十一月到堂，月薪八兩。一、布工教師：麻木提，吐魯番人，未入學堂，宣統元年十一月到堂，月薪八兩。 |
| 學生（一班） | 現數二十名，姓名及入堂年月份錄於後：馬瑞國、馬良有、馬□章、馬金祥、楊毓誠、丁希賢、聶立華、馬聯光、馬秉誠、吳兆祥、丁錫福、馬文新、馬萬華、馬□武、田生玉、馬存仁、高廷選、馬玉璋、□□□，以上十九名宣統元年十一月入堂。 |
| 課程及采用圖書 | 按照暫定藝徒學堂課程表，一堂二十人，所有普通科目一班教授每星期十八鐘點，其實業科目分科教授每星期十八鐘點，合計三十六鐘點，細目分列於後：<br>**普通科**，修身（三）：用部頒初等小學修身教科書，現教授自第一冊第十三課交友起，至第三冊第四課衣服止。國文（六）：用部頒初等小學國文教科書，現教授自第一冊第二十五課起，至第二冊第五十二課傳聲器止。習字（四）：用部頒初等小學習字帖，現教授第二冊。算術（四）：用部頒初等小學算術教授書，現教授自第一冊第十七課起，至八十九課止。體操（一）：用部頒初等小學體操教授書，現教授自第一冊第五課起，至二十一課傳□□□止。<br>**實習科**，木工（九）：現教授學桌椅板凳及漆法。織布（九）：現教授彈花紡線及漿線之法。 |
| 經費 | 入款 | 本學期總入銀六百八十二兩，細目分錄於後：一、收鄯善縣捐助銀二百五十兩。一、收卑廳捐廉銀四百六十二兩。 |
| | 出款 | 本學期總出銀六百八十二兩，細目分錄於後：一、教員薪脩本學期付出銀一百五十兩。查教員薪脩本年春分月薪三十兩，夏季分月薪二十兩。一、木工教師新脩付出銀四十八兩。一、布工教師薪脩付 |

| | | |
|---|---|---|
| | | 出銀四十八兩。一、僕役工食付出銀二十四兩。一、實習用品付出銀六十兩。一、圖書標本器具付出銀四十兩。一、雜項付出銀二十四兩。一、營建修繕付出銀二百五十兩。一、補修堂舍付出銀三十八兩。 |
| | 資產 | 總計銀二千二百兩，細目分錄於後。一、堂舍及基地約值二千兩。一、服食用品約值銀一百二十兩。一、圖書標本器具約值銀八十兩。 |

表頭：**新疆省吐魯番廳官立藝徒學堂一覽表**

據上表可知，這所吐魯番地區唯一的藝徒學堂創設於宣統元年十一月，而且由吐魯番廳與鄯善縣合辦，經費來源完全靠兩地官員的養廉銀，宣統二年上學期總入銀六八二兩，按照其他文獻記載，該學堂「歲支經費銀一千八百二十六兩」[141]，似乎差異較大，有待檢討。這筆經費主要用於教員、僕從、實習用品、修繕堂舍等開支。從其資產來看，該所藝徒學堂也有一定的規模。

至於其教員，按照規定，「藝徒學堂之教員，當以可為工業教員或有小學堂教員之學問者，或其普通教育實已受足，而又于各營業有閱歷考究者充之。」[142]可知，教員實際上可以分為教授文化課的普通教習與教授專門技術的專業教習。具體到吐魯番這所藝徒學堂，前者為內地文童出身的陳漢儒，後者則為本地未入學堂的木工教師任成山及布工教師麻木提。

至於學生，多為回漢學童，不見纏童身影。這是因為該藝徒學堂仍以漢語教授功課，按照章程規定，「藝徒學堂之普通科目凡八：一修身、二中國文理、三算術、四幾何、五物理、六化學、七圖畫、八體操。但此等科目除修身、中國文理必學外，餘可聽便宜取捨選擇。

---

141 《新疆省財政說明書》，頁403。
142 《中國近代教育史資料彙編》〈學制演變〉，頁450。

蓋凡入學於藝徒學堂之少年，多半急謀生計，故必聽其取捨選擇，以圖省便」，即便「修身、中國文理為各種教育之根本，故雖教藝徒，絕不使缺，但此學宗旨重在急學職業，若欲更圖簡捷，其修身科可附入中國文理教授之。」[143]所以，吐魯番藝徒學堂的普通科課程只有修身、國文、習字、算術、體操五門，每週十八鐘點，是比較合理的，就是為了突出藝徒學堂的職業教育，所以專業實習科給予了同等鐘點的課時。具體結合吐魯番當地的情況，開設木工課及織布課，分別教授學桌椅板凳及漆法和教授彈花紡線及漿線之法。

## 2 實業學堂

《新疆圖志》〈學校二〉還記載吐魯番廳設有一所「官立初等實業學堂，在廳城西街，宣統二年同知王秉章建設」[144]，但檔案顯示這所實業學堂並非獨立學堂，如宣統二年該堂開辦之際，吐魯番廳向省府報告到：

> 迪藩學憲鈞鑒，卑廳實業學堂已招就學生二十名，擬習農業，附設與新修兩等小學堂第四講堂，該處與農林試驗場相近，面商周視學察看，洵屬合宜，暫以勸學員屋陰松代教國文、漢語、習字、珠算，于二十五日開課，並請委派教員一員來吐以資教授，是否有當，靜候憲臺批示遵，卑職秉○謹叩。[145]

可見這所實業學堂正式開辦於宣統二年十月，具體學習農業，並附設在新修的兩等小學堂內，作為第四堂，並且暫以屋陰松教授普通文化

143 《中國近代教育史資料彙編》〈學制演變〉，頁451。
144 王樹枬等纂修、朱玉麒等整理：《新疆圖志》中冊，卷39〈學校二〉，頁714。
145 《清代新疆檔案選輯》第35冊，宣統二年十月二十八日，頁119。

課，具體為國文、漢語、習字及珠算四門。屋陰松，如義塾教育章節所揭，係當時吐魯番義塾維吾爾學童，當下令其充當實業學堂普通科教習也是盡其所用，但畢竟係臨時舉措，而且按照相關章程，「初等農業學堂之實習科目分為四科，一農業科、二蠶業科、三林業課、四獸醫科」，而且四科之下又可分為八至十一大門類。[146]因此，以屋陰松所學是絕對不能勝任的，吐魯番廳請省府派專業教員來吐教授也自在情理當中。省府批復到「吐王丞照據該廳電稱，農業預科業經開辦，惟功課應查照前發農業課程表認真教授，以符定章，其教員即暫以勸學員屋蔭松代理，俟省城師範畢業再行派員前往接充可也」[147]，即專門的師資教育要等待省城師範畢業以後才能派撥。然而，作為培養各地師資的省城師範學堂也面臨嚴重的學生不足問題，如光緒三年閏六月的一份檔案顯示：

　　宣統三年六月二十五日准學部咨開，准新疆巡撫咨稱，護理新疆提學使詳報，於宣統二年七月起至十二月止，新省辦理各項教育成績咨請鑒核施行等因到部，查原咨內開辦理學務各情形遵奉督促之中，間有酌量變通之處，具見該學司實心任事，與空文塞責者尚屬不同，惟據稱實業教員講習招選學生程度多屬不齊，擬先辦預科，且以合格學生招選絕佳，已派員赴甘涼一帶招考，查本部前于奏定籌議實業教員講習所畢業獎勵辦法折內聲明，奏定學堂章程實業教員講習所本分完全、簡易二種，擬將農業、商業仿照辦理，並准設立簡易科招收學生及畢業年限，均照初級師範簡易科辦理以便分別造就，淺近實業教員照此項講習所暨簡易科所習學科應由各處遵照定章所列科目分別

---

146　《中國近代教育史資料彙編》〈學制演變〉，頁444-445。
147　《清代新疆檔案選輯》第35冊，宣統二年，頁127。

淺深酌擬課程報部核定等語，業經奉旨允准通行在案，該省實
業教員講習所招選程度合格學生既屬甚難，應先設簡易科以期
早得師資，其學科課程即由該學司遵章酌擬報部核定。[148]

可知，學部在肯定新疆提學使興辦學務工作的同時，也透露出培養實
業學堂教員的省城實業教員講習所招生程度不齊，即實業講習所招收
合格學生困難，這是因為「設實業教員講習所，令中學堂或初級師範
學堂畢業生入焉，以教成各該實業學堂及實業補習普通學堂、藝徒學
堂之教員為宗旨，以各種實業師不外求為成效。」[149]顯然，在當時的
條件下，能夠滿足入學資格的中學堂或初級師範學堂畢業生實在太
少。所以，學部鑒於新疆的實際情況，建議現設簡易科，以期早得實
業學堂師資。但即便如此，不論其畢業年限多短，吐魯番的這所實業
學堂肯定是等不到實業講習所畢業的教員師資的，因為再過個月，清
朝行將滅亡。如此看來，吐魯番的這所實業學堂實質上等同於一般的
預科小學堂或者漢語識字學堂之類的學校。

---

148 《清代新疆檔案選輯》第35冊，宣統三年閏六月，頁253-254。
149 《中國近代教育史資料彙編》〈學制演變〉，頁469。

# 第五章
# 清末新疆學堂師資與經費

## 一　師資

　　欲進行現代學堂教育的建設，首先面臨的便是師資問題。光緒三十二年（1906）學部令各地「全力注重師範」，並咨文新疆：

> 方今振興教育以小學堂為基礎，而教員極須養成，故師範尤要，應請迅將省城師範名額盡力推廣，至少設一年卒業之初級簡派科生五百人，以養成小學教習，並設二年卒業之優級選科生一百人，選科中分四類，一歷史地理、二理化、三博物、四算學，每類學生五十人，以養成府立師範學堂、中學堂教習，並須附設五個月卒業之休操專修科，授以休操游戲，教育生理教授等法，名額百八，以養成小學體操教習修，如何籌辦，先請電示，其游學預備科如未設立，暫可從緩紛在請，以全力注重師範，五個月內本部派視學官分省巡視，專此電商學部效印。[1]

針對以上學部要求推廣師範的咨文，時任新疆巡撫吳引孫回復，「新疆高等學堂去冬始開辦，情形迴殊內地，備齊學生八十名尚未足額，初級師範學生十人亦未卒業，俟籌有的款，當謹遵來電分年分類逐漸

---

1　《清代新疆檔案選輯》第33冊，光緒三十二年閏四月十二日，頁107-108。

推廣」[2]，即新疆情況特殊，暫不能招足名額，也缺乏經費，只能漸次推廣。但幾個月後，朝廷再次下文，「現在科舉既停，各省中小學堂刻日待舉，造就兩級師範生徒最為亟務，況財力未裕，籌款為艱，以有限之財先具所亟，乃一定不易之辦法。」[3]這些無疑都顯示了當時興辦學堂教育師資缺乏的緊迫性。

其實，新省早在光緒三十一年就將省城博大書院改為高等學堂，並附設「師範館」，高等學堂後經巡撫聯魁改為中學堂，仍附設初級師範學堂。[4]光緒三十三年，檔案中已有師範生王啟湯被派往吐魯番蒙學堂任教[5]，但如前文所揭，該師範生尚未畢業，可見地方對師資的需求之切。光緒三十四年，巡撫聯魁就師範學堂的最新進展奏報道：

> 竊查高等學堂附設初級師範簡易科，計師範生四十一名，至去年年終已屆三年期滿，照章准予畢業，除楊宗何等三名程度年齡不合聽自營業暨鄒澍一名因病自行請退外，准予畢業派充教員者，計趙錫琦等二十四名；其王紹基等十三名程度較次，應仍留堂補習，並小學教員程度不及之項壽彭等四名亦應回堂補習，嗣有高等學生徐烈等十員程度尚優，均願撥歸師範，隨入補習一堂，共計補習師範生二十七名，作為一班，擬以二季期畢業。又去年十一月新招簡易科師範生左思沖等十七名，今年正月續招楊霖等四名，並小學教員應回堂補習之朱九淵一名，請入簡易科。嗣有兩等學生殷學禮等十一名程度尚可，均願撥歸師範簡易科，共計簡易科師範生三十三名作為一班，擬以一

2 《清代新疆檔案選輯》第33冊，光緒三十二年閏四月十二日，頁108。

3 同上註2，光緒三十二年七月，頁144。

4 王樹枏等纂修、朱玉麒等整理：《新疆圖志》中冊，卷39〈學校二〉，頁705。

5 同上註2，第69冊，光緒三十三年三月初五日，頁107。

年畢業，現在風氣將開，擴充師範以應急需，實為目前興學之
第一要著，尤賴撥入師範之高等學生熱心義務，堪以儲教材，
而資任用。[6]

從光緒三十一年師範館設立到去冬（三十三年）正好三年期滿，但四
十一名當中合格者只有二十四名，而光緒三十三年全省設立的各類學
堂就有三十七所，三十四年又新增了五十九所[7]，顯然師資的培訓不
能滿足開辦學堂的需要。因此，又續招部分學生，並結合留堂補習學
生，相繼成立了兩班學員。同年學部飭令各省設立體育學堂時，新省
反映，「竊查新省情形迥非內地可比，省城師範只三十九名，年終畢
業後分派各屬殊不敷用，現擬續招初級簡易科，多方招致，亦只三四
十名，蓋本省聲教初興，人文絕少，即特客籍遊寓而得，人亦復寥
寥，體育一道雖亟應講求，以圖進步，無如人才缺乏，師範尚未足
額，實無餘力及此，一俟將來稍有進步再行籌辦以裨體育，所有體操
專修科暫從緩辦各緣由理合詳請鑒查」[8]，即全部師範畢業生尚不敷學
堂應用，更無力籌辦體育學堂，只能暫緩，最後學部批復「邊省情形
與內地不同，應准照詳辦理，先行推廣初級師範，以裕小學師資」。[9]

　　要解決師資問題，就得招選師範學生，新疆提學使杜彤到任後，
開始考慮纏民師資的培養問題，畢竟「新省孤懸塞外，地方遼闊，種
族紛雜，蒙哈而外，纏民最占多數，其餘漢回錯處，回民又較漢民為
多」[10]，新省學堂教育能否獲得成功，關鍵要看廣闊的南疆維吾爾學

---

6　《清代新疆檔案選輯》第70冊，光緒三十四年八月，頁212。

7　見片岡一忠：《清朝新疆統治研究》，頁312-313。

8　《清代新疆檔案選輯》第70冊，光緒三十四年八月二十六日，頁238-239。

9　同上。

10　《政治官報》宣統二年五月二十七日，第961期。

堂能否得到建設，但關於這類學堂師資的培養問題在開始籌劃時，意見並不統一，《新疆圖志》對此記載道：

> 初年議設師範，學務人員上言，謂纏漢語言、文字、宗教，無事不隔閡，以漢教纏，不如以纏教纏，聞者以為無益，謂前者劉襄勤公錦棠擲鉅款開義塾，二十年獉狉如故，今蹈其故轍，雖百年亦無成效。乃開會議于學務公所，議者謂纏居新疆多數，知識愚蠢，終煩朝廷西顧。今強鄰環伺，纏處沃土而不才，猶家人生蠢子而有美產也，必啟其知識，使知今日各國待異種之苛，乃曉然于自處高天厚地，必受以技能，漸能為工、為商，方免他日之貧困，而籌款亦有資。至所謂化其禮俗，變其宗教，猶非今日之急務也，乃決議調纏生昔日曾入義塾者。[11]

在論述清末新疆學堂教育時，常有學者引用這段材料，並認為此段材料討論的主題是要不要在纏民教育中實行漢語教學，並最終確定漢語教學。[12]雖然其中有這層含義，不過筆者認為這段材料還有其他解讀。謹案，文中提出「以漢教纏」及「以纏教纏」兩種方案，這裡首先存在纏、漢到底指族群還是指代語言，回答這一問題有待接下來的討論。所謂「聞者以為無益」，似乎否定的是「以纏教纏」，但其所舉劉錦棠開設義塾二十年獉狉如故的案例，似乎又在警告當局，不要重蹈義塾教育之故轍，如前面章節所論，義塾教育的實質是漢民塾師用漢語教授維吾爾子弟的漢式教育，即「以漢教纏」，而非「以纏教纏」。所以這裡就存在一個矛盾，議論者到底想否定哪種教學方式？

---

11 王樹枏等纂修、朱玉麒等整理：《新疆圖志》中冊，卷38〈學校一〉，頁696-697。

12 如朱玉麒：〈清代新疆官辦民族教育的政府反思〉，《西域研究》2013年第1期，頁94。

根據會議的結果「所謂化其禮俗，變其宗教，猶非今日之急務也，乃決議調纏生昔日曾入義塾者」來看，當局決定不重蹈義塾漢語教育的路線，而是採用曾經入讀過義塾的纏民學童進入省城師範學堂學習，即最後確認採取「以纏教纏」的方案，而非「以漢教纏」。基於以上分析，所謂的纏、漢實際上指代的是纏民與漢民兩類人群。換言之，清朝興辦的學堂教育雖為漢語教學，但在具體的操作方面，仍以本族群教師教習本族群學生，實際教學中自然免不了纏民語言的應用，而這也正是現在所說的「雙語教育」初胎。接下來就是如何招選合格纏民師範生的問題。

　　光緒三十四年十月，新疆提學使「通飭各屬選送省城第三班簡易師範生」[13]，伊犁府聲稱「伊犁風氣不開，人工昂貴，無人肯入此項學堂，惟纏民學堂尚可設法招選，又稱教員無人，擬請將送省肄習師範未畢業之纏生花馥秋派回伊犁」[14]，可知伊犁府並不配合省府的興辦纏師學堂，最後被記大過五次，以示懲罰，然而伊犁府並非僅有的此類案例。至宣統二年，巡撫聯魁在向朝廷奏報新疆興辦學務情形時，就籌辦師範學堂事宜反映道：

　　　　查師範為教育之母，師資不備，則教授無方。新省客籍土著俱乏學有根抵之士，招選師範幾于無從措手，該學司銳意圖維，苦心搜訪，即就原有師範酌增課程，詳訂規則作為簡易科，以應急需，復迭招新班並選纏民中讀書識字者，按其程度設纏師範甲、乙兩班，計自光緒三十三年冬至今，師範畢業者共有五班，歷經派赴各屬充當教員，今年更設法續設一年簡易、二年

<hr>

13　《清代新疆檔案選輯》第34冊，宣統元年，頁242。
14　同上注13。

簡易師範各一班，增廣師範一班，為各屬續設學堂之預備。[15]

可知，不論漢民師範生、還是纏民師範生的招選，都顯得非常緊迫。這年十一月，省府札文「吐廳並轉鄯善縣，均照選送纏師範生一案，北路漢多纏少之區招致實屬匪易，該處纏民頗眾，合格者當不乏人，仰于定額之外代招二三名以補不足，其川資學費俟飭由選送無人之各該處如數認繳，以昭公允，選定後仍仰先行電復」[16]，據此可知招選合適的纏民師範學生主要面向南疆地區，而且每處有一定的名額，其名額之外的纏生前往省城就讀師範，其川資學費則由選送無人的地方承擔。光緒三年，臺吉邁引之子玉元音也被選往省城學習師範，只是由於臨時生病暫緩前往。[17]但是師資缺乏是顯而易見的，為此省府逐漸降低了招收師範生的條件，據一件殘缺的檔案記載：

> 卑職前次于詳請通飭各州縣選送纏師範生案內，曾聲明漢師範生應俟屆時在省招考在案，近復意在思維，三年畢業期限稍長，省城率多客寓者流，無論程度高下，倘有業可營，即未易于招錄，今年招生之，雖已屬前車之鑒，況現奉部文飭減經費，優給津貼，尤所難能，似不能不變通辦理，作未雨綢繆之計，伏查南北路各州縣往往有內地士子流寓其間，擬請憲臺通飭各廳州縣嚴加遴選，不分土著客籍，亦毋庸冒濫搪塞，擇其學有根柢，品行端方，年在二十以上、四十以下者每處遴選若干名，按照程途遠近均于明歲正月初十日以前一律申送到省，

---

15 《政治官報》宣統二年五月二十七日，第961期。

16 《清代新疆檔案選輯》第35冊，宣統二年十一月初五日，頁124。

17 同上注16，宣統三年正月初九日，頁161。

如屆時仍不足額，再由學堂出示招考以資開辦，是否有當，理
合詳請鑒核。[18]

按照相關章程要求，「初級師範學生入學年齡，完全科生須年在十八
歲以上，二十五歲以下者，簡易科生須年在二十五歲以上，三十歲以
下者。」[19]但是，新疆師範生員缺乏，不得不變通辦法，所以將招選
人員的最大年齡放寬至四十歲，如果再結合上面引文，原定三年畢業
的期限也顯得有些稍長，所以變通設置一年簡易、二年簡易等師範
班，以期緩解師資不足問題。省府為了繼續鼓勵合格人員入堂學習師
範，尤其是纏民師範，又提出了兩項激勵措施：

## (一) 提高津貼與薪水

在師範學堂讀書，優給津貼，據相關材料記載，新疆宣統二年左
右，「簡易師範生分一年、二年兩級，共一百二十名，纏師範六十
名，月支津貼銀各二兩，近以招考無人，又為之加增津貼四兩、六兩
不等，附屬小學生八名，月支津貼銀一兩，蓋新省地瘠民貧人無向學
之心，纏回各有宗教，更不知學為何事，勢不得不暫以津貼羈縻之，
附屬小學堂專設教員一員，中學以及纏師範生歲不分講堂齋舍，而管
理教員均係兼差，以節虛靡，全堂事務除監學以教員兼充外，共設管
理員五員，月薪六十、三十、二十四兩不等」[20]，可見為了吸引纏民
子弟充當師範生，省府不得不增加津貼。待至畢業後，也往往憂給待
遇，如光緒三十四年，提學使杜彤詳復道：

---

18　《清代新疆檔案選輯》第35冊，宣統二年十一月，頁125-126。

19　《中國近代教育史資料彙編》〈學制演變〉新版，頁416。

20　《新疆省財政說明書》，頁373。

竊查學部《奏定師範獎勵義務章程》內開，初級師範簡易科師
範生有效力本省教育職事之義務，其年限暫定為四年，此四年
中經京師督學局或各省提學使司及府廳州縣地方官指派教育職
事，不得規避等因，遵照在案，此次師範簡易科舉畢業生自應
派充各屬教員以盡義務，惟查各屬情形，從前聘用教員薪水多
寡至不一律，必須先行籌定，畫一章程，無畸重畸輕，方足以
昭平允，本司等公同酌擬，每員每月薪水至少亦須湘平銀三十
兩，火食在內，至該教員出省乘坐車輛各按道里遠近計算，臨
時定價，其飲食住店各費，每站給銀三錢，此項銀兩均由各該
地方官自行抽給，由新餉所按站先行墊發，在各屬應領項下劃
扣歸款，以利湍行而應急需，庶於教育不無裨益。[21]

據上，從事教授學生的教習每月至少可獲湘平銀三十兩，而光緒十八
年「支發痘醫學徒伙夫薪工銀三百二十三兩二錢，痘醫一名，月支薪
水銀十六兩」[22]，宣統年間「各府廳衙門書役多寡不齊，視缺事之繁
簡，地方之大小而定，均經奏咨在案，其工食口糧均照鎮迪道書役定
章，每書吏一名歲支工食五十七兩二錢，每役一名歲支工食二十四
兩」[23]，也許這種對比存在時間上的差異，但我們仍可以看出師範畢
業生未來從事教習職業所獲薪水優厚。

## （二）纏師範生獎勵義務章程

大概在宣統二年，新疆省當局為繼續鼓勵維吾爾子弟從事師範教
育，提出更為歆羨的獎勵措施，如下：

---

21 《清代新疆檔案選輯》第70冊，光緒三十四年，頁6。
22 同上注21，第82冊，光緒十九年九月二十七日，頁163。
23 《新疆省財政說明書》第十五節「各府廳衙門書役之經費」，頁334。

會詳事，竊維振興學校以培養師範為初基，誘導邊氓以寬籌獎勵為要務，新省創設纏師範學堂，前經詳蒙憲臺咨部立案，此項師範本係專為預備教育纏民而設，除陋習進文明，肯于此防□□最為重要，自不能不酌予獎勵，以昭激勸而勵將來，查學部奏定師範學堂獎勵義務章程優、初兩級完全科、簡易科具已備載無遺，本可比照辦理，惟纏民內耐雖久，而語言風俗隔閡尚深，驟語以定章獎勵，該名稱恐纏眾均茫然不識為何事，仍無以動其歡欣鼓舞之心，且纏民師範係屬創辦，其程度尚難苛求，按該學部章程延膺獎勵而無于者亦屬寥寥無幾，則欲借獎勵之力為纏民開風氣，自應于學部定章以外另行就地設法，以收因勢利導之功，查南疆各屬地方頭目有總、分鄉約稽查水利各項職事，此項人等均自開省設官以還，裁撤原有之阿奇木伯克，改其名稱設為此項頭目，現在雖由地方官管轄，略如內地之村正、副鄉約，保甲等職事，而纏民之信從如當年阿奇木伯克，凡充此項職事者，群視為終身莫大之榮，歷久相沿，遽難移易，今擬即以此項頭目為纏生之獎勵，所有纏師範生畢業後分別等級，由司詳請給予七八九品頂戴，分往各屬，俾盡義務，其義務年限擬暫定為三年，此三年中經提學使司及地方官長指派教育職事，不得規避，俟義務年滿，由地方官查核情形派充總分鄉約各項職事，俟將來畢業生日多，此項職事均以畢業生充當，凡未入學堂者一概不准選充，如有程度甚優自願，就學部定章獎勵不樂充此項頭目者，亦聽，如此斟酌辦理，庶使纏民知學之可貴，而人人向學風會日以轉移，絕塞荒陬，將漸變為文明之域矣，所有擬定纏師範獎勵義務各緣由是否有當，理合備文呈請憲臺鑒核批示祇遵，如蒙允准，並請奏咨立案，實為公便，為此具詳，伏乞照詳施行。[24]

---

24 《清代新疆檔案選輯》第35冊，宣統二年，頁18。

可知興辦師範為維吾爾教育之基礎，本應按照學堂章程給予獎勵，但考慮到新疆維吾爾語言文字之不同，用一種全新外來的獎勵措施不足以激發其心，所以不如獎勵他們最為樂意的願望，即充當基層社會組織頭目，具體方案為，維吾爾學生從師範學堂畢業後，分別等級給予七八九品頂戴，令其先在地方充當教習三年，期滿後再由地方官查看情形任命為地方頭目，這樣便會「使纏民知學之可貴，而人人向學風會日以轉移」，即以最終能夠充當地方頭目的獎勵來吸引更多維吾爾學童投身師範教育行列，借此過程推動整個南疆教育的發展，本章開始提及的魚學詩就是絕好的說明。不過，此舉與當年獎勵維吾爾學童生入學教育的方法可謂一脈相承。

新疆巡撫聯魁收到以上方案後，表示「來詳所擬辦法是于誘掖獎勵之中隱投所好，使之有所欣羨，就我範圍，庶默化潛移漸收，殊途同歸，教育普及之效，與部章雖未能恰合，於情勢則尚屬相宜，仰候據情奏咨立案」[25]，當朝廷收到聯魁的奏折後，學部開始議復：

> 臣部當以此項變通獎勵辦法于疆務有無流弊，行查該省去後，茲據復稱並無流弊等因前來。查初級師範暨師範簡易科前經臣部擬定獎勵義務專章奏准通行在案，惟新省僻在西陲，纏民習尚語言又迥異乎內地，非廣興教育不足以綏邊，非變通獎章不足以勸學，查該省初級師範學堂內分甲乙兩班，甲班一年半畢業，乙班三年畢業，所有獎勵應請分別辦理，乙班畢業擬懇准如所請最優等給予七品頂戴，優等給予八品頂戴，中等給予九品頂戴，均令效力義務，俟義務年滿由地方官查核情形派充總分鄉約各項頭目，其中班學生肄業僅三學期，若一律辦理似不

---

25 《清代新疆檔案選輯》第35冊，宣統二年四月，頁18-19。

足以示區別，擬請俟該生等畢業後考列中等以上者，准撥小學
教員優待之例，比照附學生員，給予頂戴，均令效力義務，俟
義務年滿，並得由地方官查核情形，派充總分鄉約各項頭目，
其義務年限應一律展為四年，似此變通辦理庶足以啟纏民向學
之心，亦不至有名器冒濫之弊，如蒙俞允，即由臣部分行遵照
辦理，所有議復變通新疆纏師範生畢業獎勵緣由謹恭折具陳，
伏乞皇上聖鑒，再此案同往返行查是以復奏稍遲，合併陳明，
謹奏。[26]

即學部針對新疆巡撫報告的情況，詳細議復後，認為其方案可行，並
做了詳細的獎勵規定，並且考慮到新疆的實際情況，變通了某些師範
學堂的要求，如按照《初級師範學堂章程》，「省城初級師範學堂畢業
生，應有從事本省各州縣小學堂教員之義務」、其「從事教員之義務
年限，由官費畢業者，本科生六年，簡易科生三年」[27]，即服務年限
有別，但是為了鼓勵新省人員，將服務年限一律改為四年。同日，朱
批「奉旨依議，欽此」。[28]也許正因為如此，片岡一忠認為纏師範學堂
是以維吾爾社會統治階級的再教育，或者統治體制的再編成為目標
的。[29]但是片岡一忠恐怕將「給予頂戴」這一激勵纏民投身教育的措
施，錯誤的當成了纏師範學堂培養的目標，更遑論此項獎勵章程在落
實之前，清朝便在幾個月後迅速滅亡了。

---

26 《清代新疆檔案選輯》第35冊，宣統三年五月十二日，頁266-267。
27 《中國近代教育史資料彙編》〈學制演變〉新版，頁416-417。
28 同上注26，宣統三年七月，頁267。
29 片岡一忠：《清朝新疆統治研究》，頁327。

## 二　經費

　　興辦學務，還須解決經費問題，否則無從開辦。早在光緒三十二年，學部就曾奏請「各省學務官制內載提學司於通省學務應用之款應會同藩司籌畫，詳請督撫辦理，前經通咨在案，現在各省學務必須實力振興，若不寬籌經費，無以為推廣之資，藩司固為通省財政總樞，而鹽運司鹽道海關道糧道以及稅釐銀元各項局所但有經理財政之權亦須共體時難，力圖相助，以前籌措學務經費亦多由各司不分畛域，竭力合籌，所有舊日撥定學務款項一律照舊撥充提學司，以後應如何續籌之處須會同全省司道就各省進款情形通盤籌劃，詳請督撫辦理，相應咨行查照辦理可也」[30]，可知在學堂開辦伊始，學部便設法解決學堂經費問題。那麼，新省一年學堂開支的總經費到底有多少？片岡一忠曾對《新疆圖志》〈學校二〉所列全省學堂經費做過統計，每年為325365兩[31]，即三十餘萬兩。另外，從宣統元年起，各省開始預算，所以形成了所謂的「二十二省財政說明書」，筆者根據其中之《新疆省財政說明書》中的「教育經費」記載，對新疆省四十一府廳州縣的學堂經費做了一番統計，每年為193948.266兩[32]，約二十萬兩。另據一件年代不詳，但應當為宣統三年的殘缺檔案記載，「竊查本年教育費預算案全省共銀三十七萬餘兩，奉部指裁十萬六千餘兩，約近全數三之一」[33]，雖然各種數據差異較大，很有可能存在統計標準等差異，但我們可以約略估計每年學堂經費應該在三十萬兩左右，但實際

---

30 《清代新疆檔案選輯》第70冊，光緒三十四年九月，頁285-286。

31 見片岡一忠：《清朝新疆統治研究》，頁326。需要指出的是，該統計中吐魯番的數字有誤。

32 具體數字見本書所附「新疆府廳州縣歲支教育經費表」。

33 同上注30，第90冊，年代不詳，頁240。

開銷可能更多。筆者更關心的是這筆經費是通過什麼方式籌集的，按
照片岡一忠的統計分析，認為百分之三十為官府助資，百分之七十則
來自於各地自籌資金，這種比例分布較適用於北疆地區，南疆地區則
幾乎全為當地自籌。[34]為便於詳細分析，以下仍以吐魯番為中心，試
圖探討學堂經費的詳細來源。我們現將《新疆圖志》中記載的吐魯番
地區所有學堂經費的情況列表如下[35]：

| 地方 | 學堂總數 | 官款銀 | 就地籌入銀 | 備註<br>（《新疆省財政說明書》記載） |
|---|---|---|---|---|
| 吐魯番廳 | 15 | 392 | 6068 | 七堂5192.99兩，其中官款400.2兩 |
| 鄯善縣 | 9 | | 9362 | 五堂3831兩，全為自籌 |
| 吐魯番回部學堂 | 3 | | 1267 | |
| 總計 | 27 | 17089兩 | | |

觀察上表，鄯善縣只有九所學堂，但其經費比擁有十五所學堂的吐魯
番廳還要多出三分之一，如果結合《新疆省財政說明書》的統計來
看，兩書關於吐魯番廳的統計數據相差無幾，但鄯善縣則相差巨大，
筆者懷疑鄯善縣的數據有誤，因為《新疆圖志》與《新疆省財政說明
書》都是宣統年間所調查的資料，相同州縣數據差異不應如此懸殊。
表中吐魯番回部學堂係魯克沁郡王所建，經費自籌。另外，可以看出
只有吐魯番廳有少量的官款銀，但學堂經費主要靠自籌解決。那麼，
吐魯番廳的這筆經費具體構成又如何呢？我們可以從光緒三十四年吐
魯番廳學堂的收支清冊中得到答案，如下：

---

34 片岡一忠：《清朝新疆統治研究》，頁325。
35 據王樹枏等纂修、朱玉麒等整理：《新疆圖志》中冊，卷39〈學校二〉，頁713-714、
　　735；《新疆省財政說明書》，頁374-375、376。

為造報事，謹將卑廳官立、私立各學堂光緒三十四年分收支管收除再各款造具四柱清冊呈請鑑核，計開：

**舊管**：無項

**新收**：

一、收軍需善後項下請領銀四百兩二錢。查前項銀兩係稟奉撫憲批准，按季請領，作為官立第十□學堂經費。

一、收葡萄棉稱稅銀二百兩。查前項銀兩係就地籌款，由稅務分局代收作為官立第一小學堂經費，理合登明。

一、收曾故丞捐廉銀一千九百三十九兩八分。查前項銀兩因未籌有的數，暫由○廳前任墊支各學堂經費，理合登明。

以上共收入各款銀三千四百四十一兩。

一、收民間自備銀一千四十五兩。查前項銀兩均由民間自備供支私立各學堂經費，理合等明。

**開除**：

一、出額支各教員薪水銀一千四百四十八兩八。查設學堂十一堂，官立第一小學堂，教員劉窩倫歲支銀三百六十兩；第二小學堂教員楊嘉謨歲支銀三百六十兩；半日學堂教員劉代璜歲支銀二百四十兩；漢語半日學堂四堂，十月初一日起教員艾沙鐵木耳、忙尼西河若子買提各月支銀七兩；私立第一小學堂教員吳文林歲支銀一百二十兩；第二小學堂教員程文璧歲支銀一百四十兩；第三小學堂教育文鬥輝歲支銀一百兩；第四小學堂教員何建章歲支銀一百兩；共支銀兩合符前數。

一、出額支僕役工食房租銀三百六十二兩。查各學堂原設堂夫共七名，各歲支銀三十六兩；半日學堂歲支房租銀二十四兩；私立第一小學堂歲支房租銀二十四兩；第二小學堂歲

支房租銀二十四兩；第三小學堂歲支房租銀二十兩；第四小學堂歲支房租銀十八兩；共支銀兩合符前數。

一、出活支服食用品營建修繕銀一千一百三十八兩。查官立第一學堂學生十四名，歲支服食用品營建修繕銀一百三十六兩；第二學堂學生十八名，歲支服食用品營建修繕銀六百七十二兩；半日學堂學生十五名，歲支服食用品營建修繕銀一百兩；漢語學堂均無服食修繕銀兩。私立第一學堂學生十名，歲支服食修繕銀六十兩，第二學堂學生十一名，歲支服食修繕銀五十兩；第四學堂學生十二名，歲支服食修繕銀五十五兩。共支銀兩合符前數。

一、出活支圖書標本器具雜項銀四百九十三兩。查官立第一學堂歲支圖書標本器具雜項銀一百四十八兩；第二學堂歲支圖書標本器具雜項銀一百六十兩；半日學堂歲支圖書標本器具銀六十兩；漢語學堂均無之用圖書標本器具銀兩。私立第一學堂歲支圖書標本器具銀二十兩；第三學堂歲支圖書標本器具銀三十兩；第三學堂歲支圖書標本器具銀三十兩；第四學堂歲支圖書標本器具銀三十五兩；共支銀兩合符前數。

以上共出額支活支各項銀三千四百四十一兩。

**實在**：無項。[36]

據上，可知所謂的官款就是軍需項下請領的款項。自籌則有官員的捐廉及葡棉秤稅，其主要供給官立學堂，民間自籌銀則專供私立學堂。官員的捐廉銀占有很大比重。至於這些學堂經費的開支則為教員薪

---

36 《清代新疆檔案選輯》第34冊，宣統元年十一月初二日，頁312-313。

水、僕役工食房租、服食用品營建修繕、圖書標本器具四項，其中尤以第一、第三兩項開支為巨，約占整個開支的三分之二強。雖然引文中開列吐魯番經費來源有四項，但就全疆的情況來看，學堂經費的來源遠不止於此，種類繁多，以下分別論之。

## （一）捐款

除了上文所提各地官員的捐款之外，尚有來自民間的各種捐款，這不僅是私立學堂經費的主要來源，也是政府主張的解決之道，如光緒三十年上諭，「有人奏各州縣興辦學堂多于已經加抽各項之外重複加抽等語，各省設立學堂固為地方應辦之事，但當善為倡勸，不得藉端抽捐斂滋苛擾，著各該督撫嚴切查禁，以免擾累」[37]。宣統三年，吐魯番廳同知卸任交代，「竊查弊卸任前在任內籌辦各學堂經費□有的款開支外，自本年四月十三到任日起，至九月底停辦止，共墊不敷銀一千八百九十三兩一錢八分八釐，因常年經費不敷甚巨，仍照歷前任辦法飭令二三堡頭目眾戶籌捐銀兩以補學費，嗣陸續交齊，即撥歸學堂銀□□□四百兩，開常年不敷墊款並十月分截留學堂額支活支各項銀兩外，仍不敷銀四百六十九兩八錢四分七釐，無款抵銷，敝卸任仍行捐廉墊發」[38]，可見學堂不敷銀兩一般都通過民間捐銀解決缺口。當然有些民間個人捐款也不可小看，如宣統三年新疆巡撫聯魁奏吐魯番廳紳士童生元捐款興學請建坊片：

> 再士民捐助地方善舉銀至一千兩以上者例得請旨建坊，近年報
> 銷學款歷經遵辦有案，茲新疆吐魯番廳紳士已故道銜童生元先
> 後共捐該廳學費銀二千五百兩，又捐城關住戶地基估值銀一千

---

37 《清代新疆檔案選輯》第33冊，光緒三十一年八月初九日，頁21。
38 同上注37，第35冊，宣統三年十二月二十四日，頁358-359。

兩，合計共捐學款銀三千五百兩，均呈經署吐魯番廳同知王秉
章驗收報由署布政使杜彤、護理提學使張銃核明立案詳請奏給
旌獎前來，臣維邊地興學籌措維艱，全賴士民熱心提倡，以開
風氣，今該紳已故道童生元慨捐鉅款助興廳學，洵屬難得，核
與歷辦請旌成案亦符，合無仰懇天恩俯准給予「急公興學」字
樣。將該故紳于本籍自行建坊，用昭激勵，除咨部查照外，謹
會同陝甘督臣長庚附片具陳，伏乞聖鑒訓示，謹奏。

　　　宣統三年二月十三日奉朱批運行，該部知道，欽此。[39]

童生元，吐魯番本地人，光緒十六年被舉充為吐魯番新城義倉首事
[40]，十九年已為監生[41]，宣統元年已經充當吐魯番廳中區的勸學員[42]，
據其個人發展軌跡來看，童生元似乎是靠捐納相繼獲得監生，甚至道
銜，其為吐魯番本地殷富之家無疑，所以在臨終前捐助巨額學款，使
得巡撫聯魁都要親自向朝廷上奏給予建坊表彰，並被允准。但是與此
同時，隨意攤派也往往有之，如光緒三年吐魯番民眾稟告：

　　敬稟者，竊為藉捐學費無厭詐索，懇恩作主俯准飭派公正之人
　　查明究辦事，緣戶民等祖籍二堡，務農□□□□□，均有應支
　　差徭，去歲鄉約忙尼克向眾戶民傳言二堡應捐學費銀一千五百
　　兩，當時公同集議，設法籌支，隨時籌支，隨將原種之差地之
　　戶民七十四名，每名□銀十兩，計銀七百四十兩。又賣阿不都

---

39 《政治官報》第1210期1911年；另見《清代新疆檔案選輯》第35冊，頁378。
40 《清代新疆檔案選輯》第12冊，光緒十六年十一月十八日，頁246；《清代新疆檔案
　　選輯》第12冊，光緒十七年六月十三日，頁353。
41 《清代新疆檔案選輯》第14冊，光緒十九年六月初八日，頁12。
42 同上注41，第34冊，宣統元年十一月十七日，頁332。

爾種地一塊,計銀六十兩,又在義學地內著毛拉等付計銀七十
兩,又賣年限麥地一塊,計銀一百六十二兩,又派阿洪付銀二
十兩,又賣麥地半分,計銀四百兩,又賣麥地三分十年限,計
銀九百兩,又賣高粱地一塊,計銀六十兩,又采種麥地戶民,
計銀一百七兩,又吐二的、阿不都六、沙五提共派,計銀四十
兩,又派新種產地戶民計銀一百五十兩,又零星差賣計銀一百
五十兩,又原種地者與新捐銀之人分種差地加派計銀五十兩,
又冒稱差事派銀一百兩,總共索派銀三千九兩,又派炭三十
車,麥衣草五十車,均係該鄉約手收,亦有莊頭宜札爾手收
者,因思籌捐學費,尚只一十五百金,今已加倍索派銀三千餘
金,而該鄉約何尚不知足,執意將二堡麥湖差地視為利源,屢
次搜求,無厭苛派,復而私行招搖,指地詐索,現值播種之
際,原種者奪去差地,紛紛吵鬧,捐銀者無地可耕,爭嚷不
休,控告者業有數端,未經呈控者尚難禁阻,該約胡不自畏,
仍蹈故轍,任意以捐學費為名,苛派詐索,侵蝕無厭,使眾民
紛紛爭鬧,有礙春耕,既或實因學費籌捐,但不知二堡應捐幾
多,始能足數,戶民等冒昧無知,只得公同具稟請示,並懇飭
派公直之人查明懲辦,則學務幸甚,戶民幸甚,如蒙允准,伏
乞批示祇遵。[43]

據上可知,二堡鄉約向民眾攤捐學堂經費銀一千五百兩,但實際索派
三千余兩,此外尚有炭、草等項,但該鄉約仍不知足,仍欲奪去他人
之地畝,致使民間「紛紛吵鬧,捐銀者無地可耕,爭嚷不休」,可見
其借捐派學費隨意敲詐勒索民財之嚴重,因此官府立即批示「飭派人

---

43 《清代新疆檔案選輯》第35冊,宣統三年二月二十五日,頁180-181。

查明從嚴懲辦」。[44]也就是，勸捐在解決學堂經費的同時，也帶來種種弊端。

## （二）發商生息銀、水磨課銀

宣統元年，吐魯番巡檢報告顯示，吐魯番廳曾炳煌曾將挑挖勝金葦湖渠道戶民捐繳銀四千兩發商生息以作學堂經費[45]，但是後來又被挪作水利公司費用，致使學款無著[46]，後水利公司倒閉，新任同知表示，「至學費生息成本銀四千兩，○○仍發交殷實富商承領生息，以作學堂費用」[47]，而且宣統元年吐魯番廳「勸學堂經費發商生息義簿」顯示仍有四百多兩的生息銀名單。[48]另外，水磨課銀亦是學堂經費的一項來源，如宣統元年，吐魯番廳報告：

> 為申請事，竊維學堂之設原以培植人材，自應寬籌經費，卑職于前年抵任後，陸續創立學堂八處，綜計常年經費約需二千餘金，至修建學堂尚不在此數內，向由軍需善後項下報銷四百餘金，及收葡棉稅二百金□□□□□□□□外，其餘並無的款，皆係卑職捐廉墊給，○○缺分疾苦，不免左支右絀，查廳屬水磨光緒二十八年文前丞立山擬酌收課銀俾充添設學堂經費，因與魯克沁葉郡王互相稟揭中止，現葉郡王已歸鄯善縣管轄，鄯善磨課自設縣以來即歸典史徵收，上年十二月內經縣令選稟，蒙憲臺撫憲批准，提作學堂經費在案，吐屬現有水磨一

---

44 《清代新疆檔案選輯》第35冊，宣統三年二月二十五日，頁180-181。

45 同上注44，第34冊，宣統元年十月二十三日，頁296。

46 同上注44，第90冊，宣統二年七月二十七日，頁63-64。

47 同上注44，第90冊，宣統二年十二月二十五日，頁142。

48 同上注44，第34冊，宣統元年，頁310-311。

百餘盤，洋車九座，若援照鄯善縣成案辦理，每年約可收課銀
三百餘兩，以之作為學堂常年經費，裨益誠非淺鮮，如蒙允
准，再行確實查明，分別上中下三等，另請立案，是否有當，
理合申請憲臺電鑒核示。[49]

可見，徵收水磨課銀在鄯善縣已經實施，吐魯番廳只不過欲請仿照辦
理，在未分設鄯善縣之前，吐魯番廳還為此與魯克沁郡王發生過不愉
快之事，省府接到申請後，批示「該廳擬請援照鄯善縣成案，酌收水
磨課銀作為學堂常年經費，事屬可行，仰後咨臬藩司核議飭遵」[50]，
即徵收水磨課銀充當學堂經費被批准。

## （三）開設秤行

為籌集學堂經費，官府可謂想盡任何可行的方案，宣統元年，吐
魯番廳又諭飭：

為諭飭事，照得本府疊奉上憲札飭舉辦學堂及一切新政，但須
費甚巨，令即就地籌款各等因，奉此本府訪聞此間市面買賣各
物有等，奸商所用斗秤大小不一，欺哄鄉愚等弊，茲本府擬仿
照省城辦法，在老城南關新城托克遜等處開設官行，由官領發
較準斗秤，凡出境入境銷售百貨報行過秤，賣價銀一兩，抽用
銀三分，其餘正雜糧食應統歸行中過斗，賣價銀一兩，亦抽用
銀三分，買主賣主各認一半，不准私買私賣，以昭公允，而歸
畫一，所抽稅銀作為籌辦學堂及各項新政之用，除出示曉諭

---

49 《清代新疆檔案選輯》第22冊，宣統元年五月十七日，頁134。
50 同上注49，第22冊，宣統元年六月初三日到，頁140。

外，合行諭飭，為此諭，仰該鄉約即便遵照，趕緊于度地方克
即開辦，行中所需一切由該行戶自行置辦，該鄉約務須秉公辦
理，不得藉端擾累，致負委任，倘有奸民刁抗不遵，著即稟明
究辦，切切毋違，特諭。[51]

設立官稱，一面可以杜絕奸商私用大小不一之秤，又可借此抽收經
費，作為學堂等新政之用，其收費標準為百貨一兩抽用三分。可以想
像，這種方案在實際操作中肯定也會存在不便。

## （四）額外加徵

如前文所揭，朝廷主張捐款，禁止額外重複加抽，但地方費用缺
乏，此項禁令根本無法執行，如宣統二年，吐魯番廳就不得不曉諭，
「為出示曉諭事，照得本府疊奉上憲札飭舉辦各項學堂及一切新政所
需費用，令即就地籌款等因，奉此，查吐屬牲稅一項每正價一兩向收
庫平稅銀三分，現舉辦地方各項新政，籌款維艱，本府擬將前項牲稅
自出示日起，每正價一兩徵收正稅庫平銀三分，外加收稅銀三分，以
便提作舉辦各項新政之用，業經稟蒙上憲批准在案，除飭牲畜稅局司
事照辦外，合行出示曉諭，為此示，仰闔屬軍民人等一體遵照。」[52]

## （五）變賣義學地畝、義倉指撥

如宣統三年吐魯番廳官員交卸時，聲明「惟照敝卸任前在任內與
周省視學會商變賣牲稅局房地及官立第二初等小學堂房地，並義學地
畝變價銀兩，另買新城回民馬兆祿店房改修學堂」[53]，即將義學地畝

---

51　《清代新疆檔案選輯》第89冊，宣統元年，頁402。

52　同上注51，第90冊，宣統二年，頁44-45。

53　同上注51，第23冊，宣統三年五月，頁194。

變賣，另籌修建學堂。另外，檔案顯示吐魯番廳「新城回民義倉首事馬尚泉、商約亦金忠等稟由義倉社糧項下指入學堂經費銀八百一十兩」[54]，可知此項銀兩為數不少，尚不知曉是否為常年之款。

清末新政頻興，用款繁多，學堂即是其中之一，所以各種籌款方式都有，但也不是所有的提案都被批准，如宣統二年，巡撫聯魁批「查此案前據鄯善縣稟請清丈，原為籌備地方學費起見，昨准葉郡王牘呈前情到院，已行司核酌飭遵在案，茲據詳議吐屬各荒可暫緩丈，則鄯善當亦一律」[55]，甚至有「署庫車州易牧壽松稟報，開辦學堂經費無出，擬收纏民婚娶印紅銀兩以充經費」之請，省府接文後認為：

> 本司查王化肇于人倫，民情本乎禮俗，在易牧以纏民夫婦平日輕于離異，擬令于婚娶之初合立婚事，統由該州蓋用印信，收取印紅銀兩，令娶妻者出銀一兩，娶妾者納銀二兩，均由阿洪經手辦理，並不假差役之手，以此項印經銀兩作為開辦學堂經費，是于移風易俗之中仍冀興學實材之意，殊不知纏民婚娶久已成俗，驟用強迫之法，未必樂于聽從，況復以財取之，尤非名正言順之道，設有不肖阿洪從中經手，其輸之于官者只此一兩二兩，而取之于民者或已倍蓰其數，弊端百出，防不勝防，是善政而反成弊政也，倘或必擬官立婚書，亦不應抽取印紅之費，以防日後弊端，所有庫車州擬令纏民添立換取抽取助紅□□學堂經費一案滯礙難行，不能照准。[56]

看來，對於抽收婚事印紅，省府頭腦還是比較清楚的，認為此舉「非

---

54　《清代新疆檔案選輯》第23冊，宣統三年四月初四日，頁290。
55　同上注54，第71冊，宣統二年八月二十八日到，頁422。
56　同上注54，第34冊，宣統元年四月十三日，頁141。

名正言順之道」，而且擔心其中弊端叢生，因而未能照准。

　　此外，朝廷早先下文各地學堂可以抽收學費，如鎮迪道給吐魯番廳的札文中提示「學堂收取學費為東西各國通列，奏定章程亦已採取其法，著有明文，誠以公家財力只有此數，若事事仰給於官，不獨力難為繼，抑且勢有所窮等因前來，查徵收學費可以節省經費，推廣學額，免各省地界之爭，堅學生向學之志，誠為今日切要之圖，惟現在學務初興，若收取漫無限制，亦恐反阻進步，茲由本部訂立章程通行各省，除分咨外，相應鈔錄章程諮行貴撫查照轉知提學使司施行」[57]，並且專門制定了《京外各學堂徵收學費章程》，也被鈔錄給新疆。[58]但就新疆情形而言，入學兒童尚且不足額數，如果再欲收費，恐將更難吸引學生入堂讀書，相反，新疆為了吸引和鼓勵學童入學，給予了比較豐厚的津貼銀兩，收費一說就筆者所掌握的材料來看，並未施行。

　　在籌集學費的過程中，滋生弊端，違章攤派往往有之，如宣統三年九月一件殘缺的檔案顯示新疆省府曾通飭各屬：

　　　該縣（伽師縣──引者注）辦理學堂，由勸學員經手，按戶攤
　　　捐以作學費各節，查漢語學堂所授功課極簡，所需經費無多，
　　　與各項學堂亦有區別，乃該縣辦理此項學堂每年攤派經費至八
　　　千餘兩至多，未免愛士而不愛民，查學部通行章程並無由學堂
　　　抽給學生火食之說，乃新疆各屬小學堂每月火食多由學生經費
　　　開支，辦理已屬不合，小學堂之設每屬不過一二處，尚不妨設
　　　法補助以開風氣，至于漢語學堂一縣之內多則十餘處，少亦七
　　　八處，以後逐年推廣教育普及，安能人人籌給火食，據來詳謂

---

57　《清代新疆檔案選輯》第33冊，光緒三十二年十二月二十二日，頁233-234。

58　同上注57，光緒三十三年七月，頁434-435。

每月共給食費，歲給衣服銀錢已與章程不符，況□一貧兒入學，每名尚須付其家屬數十金，尤屬無此辦法，該令所謂有畫大抵皆然，豈南疆並無一通曉學務之官與明白事體之人，而竟任該勸學員胡作非為耶。來詳又稱每戶攤捐銀或一兩餘，或數錢不等，查喀什一道抽收畝捐，阿克蘇一道抽收草捐，原定章程此項捐款作為學費及自治費之用，何以該縣于畝捐之外又縱令勸學員按戶攤捐，殊屬膽大妄為，假令南疆各屬皆如該縣之按戶攤派，則為害閭閻，伊于胡底即為莎車一屬不下十萬戶，若仿照該令辦法，每戶攤捐銀一兩餘或數錢，即可捐銀七八萬，雖將該地方官從嚴參革，已得滿載而歸，查攤派本為南疆通習，自有就地籌款之規，而不肖官紳遂籍新政為名，肆其苛斂，是為國家辦一新政，即為官紳開一利源，該令漫不加察，猶美其名曰功德捐，試問憑空攤派，百姓之錢德于何有功，于何存，訪聞各屬辦理學堂應招學生若干名，地方官則責之鄉約，鄉約則派之地方，擇肥而噬，弊端迭出，為鄉約捐派某甲，迫得某甲支賄，則又改派某乙矣，鄉約指派某乙，迫得某乙之賄則又改派某丙矣，此百姓行賄于鄉約，而捐免充當學生及雇窮人之子以充當學生之所由來也。至勸學員不過虛有其名，並無勸學之能力，亦無勸學之實際，若官府不加以強迫，鄉約不加以勒派，雖有百勸學員，亦無如何，此亦南疆之通弊。惟各屬勸學員及勸學總董多由省城纏師範畢業者，若輩不知事體之輕重，樂于有事，每倡為寬籌學費之說，而□顧地方之生死，人情之向背，為地方官者亦喜□□□□□也。甘心墜其術中，而不知變計，（後殘缺）[59]

---

59 《清代新疆檔案選輯》第35冊，宣統三年九月初三日，頁302-304。

據上，可以看出南疆有些地方給予學生優厚津貼，甚至還想付給學生家屬銀數十兩，並意圖按戶攤捐以解決此項經費。省府明確告知南疆喀什道及阿克蘇道分別有抽收畝捐、草捐之費作為各項學費之用，按戶抽捐是「膽大妄為」的行為，如此抽收，莎車一處每年即可抽收七八萬，而且南疆本來就有攤派之風，實際「是為國家辦一新政，即為官紳開一利源」等等，總之弊端重重，萬難照准，並且指出勸學員只是徒有虛名，不能起到任何勸學作用，告誡當地官員不要「墜其術中，而不知變計」。伽師縣興辦學務如此，南疆其他地方可想而知。

　　雖然以上列了幾類經費來源的途徑，但實際的籌款方式應肯定遠不止於此。其中攤派索費擾民之事也不一而足，但不厚給津貼，又不足以吸引學生入學，多給則弊端叢叢，總之新疆興辦近代學堂教育，教育經費始終是一個無法迴避的問題，最後筆者想引《新疆省財政說明書》對當時新疆學務籌集經費的評價可謂一針見血，如下：

> 學務要政考成攸關，當此風氣蔽塞之邦，非出巨資懸重賞誘掖而獎賞之，終無以廣招徠而興教育，然財政奇絀，歲靡巨萬，公款無多，俸廉有限，由官籌助，終非長久之策，若不設法以補救之，恐教育未能普及，而貪暴之吏反藉此以為巧取民之計，非所以固邊圉而收人心也。[60]

由於新疆特殊的人文地理環境，欲在新疆推廣現代學校教育，困難重重，而被視為比較可行的興學之法，便是「出巨資懸重賞誘掖而獎賞之」，而新疆財政一向不能自給，只靠公款及官員捐廉等費用，確實「終非長久之策」，而且往往因此產生苛派勒索之事，不僅未能收到

---

60 《新疆省財政說明書》，頁382-383。

鞏固邊疆的效果，反而因此失去民心，得不償失。但在清朝中央，仍
有人上奏「學務經費宜擴充，不宜裁減」[61]，實乃不顧實際之妄想。
因為就在幾個月之前，新疆最後一任巡撫袁大化通報各地不要再隨便
動工興建學堂工程，以免陷入經費不足之困。[62]幾個月後，因內地革
命興起，協餉不繼，袁大化「電奏餉源竭絕，擬仿照甘肅辦法，將審
判檢察各廳，及無益之學務暫行停辦，而顧急需」的請求被允准[63]，
新疆當局隨即飭令「各屬實業各項學堂停辦後辦法，並變賣藝徒成績
物品」[64]以及「竊查新省屬學務迭奉憲臺札飭，業經分別裁併停辦各
在案，本司等查各屬停辦學務騰出款項，已飭各地方官逐項造冊遵照
憲示聽候撥用」[65]等等，可見在清朝即將覆滅的最後一刻，作為新政
之一的學堂教育仍未能走出失敗的命運。

61 《清代新疆檔案選輯》第35冊，宣統三年八月，頁287。

62 《清代新疆檔案選輯》第90冊，宣統三年閏六月初九日到，頁246-247。

63 《宣統政紀》卷64，第60冊，宣統三年九月辛卯條（北京市：中華書局，1986年），
　　頁1195。

64 同上注62，宣統三年，頁390。

65 同上注62，宣統三年十二月，頁391。

# 第六章
# 清末新疆學堂教材、考試與放假

現代教育有著一套非常嚴密的體系化的教育制度設置，其中就包含教材的編寫、學生考試、放假與轉學等制度，究其來源，與清朝末年推行的現代學堂教育密不可分。尤其當清末學堂教育被推行到邊疆民族地區時，前述相關教育制度的實際落實情況，無異對當地的學堂教育的推廣有著重要的影響，以往限於資料嚴重匱乏，學術界除過簡略涉及「鄉土志」教材外，有關學生考試、放假與轉學等制度一直未能探究，本章將利用新近影印出版的《清代新疆檔案選輯》等第一手檔案試對該問題進行探討。

## 一　「鄉土志」教材

在有關清末學堂教育的諸多教材中，可以說最具地方特色的當屬各地的「鄉土志」教材，而且光緒二十九年（1903）學部頒發的《奏定初等小學堂章程》，針對第一、二年的教學內容就設置了相應的科目，如「歷史：講鄉土之大端故事及本地古先名人之事實。地理：講鄉土之道里建置，附近之山水以及本地先賢之祠廟遺跡等類。格致：將鄉土之動物、植物、礦物，凡有關日用所必需者，使知其作用及名稱。」[1]即歷史、地理、格致三門課程需要講解當地的鄉土知識，這

---

[1]　璩鑫圭、唐良炎編：《中國近代教育史資料彙編》〈學制演變〉（上海市：上海教育出版社，1991年），頁297。

就必然涉及鄉土教材的編纂問題。就清末新疆吐魯番的情況而言，光緒三十一年，新疆省府就編纂鄉土教材一事，札文吐魯番廳：

> 案准新疆全省商務總局移開，案准布政司吳咨開，案奉撫憲札飭，光緒三十一年六月初四日准總理學務處咨開，准編書局監督咨開，查初等小學堂章稱〔程〕歷史、輿地、格致三科均就鄉土編課講授，用意至為精善，**學堂宗旨以教人愛國為第一要義，欲人人愛國，必自愛其鄉始，欲人人愛鄉，必自知其山川人物始**，各國中學以上課目互有異同，惟小學鄉土志則東西一律，蓋歷經教育家研究培養愛國之心，法無善于此故也。中國地大物博，撰輯鄉土志，欲使詳實無遺，斷非本局所能獨任，茲謹遵照定章編成例目，擬懇貴大臣具稟請旨飭下各省督撫發交各府廳州縣擇士紳中博學能文者按目考查，依例採錄，地近則易詳事，分則易舉，**自來文日始限一年成書**，由各地方官徑將清本郵寄京師編書局，一面錄副詳報本省督撫，以免轉折遲延，並令各地方官於來文之日先將本省通志及府廳州縣志郵寄編書局以備參考，各處鄉土志輯稿送到，由局員隨時刪閏畫一，呈請貴大臣審定發交各省小學堂授課，**所教皆淺近易明，學者自親切有味，愛國之心即基于此，以後學問逐漸擴充**，凡一切知識技能皆足資報銷國家之用，似于學務裨益匪淺。又各省前次繪送會典館地圖並需各備一分郵寄編書局，以備編撰之用，如無印本，可照底稿摹繪寄京等因，當于四月初六日附片具奏，本日奉旨知道了，欽此。[2]

---

2　《清代新疆檔案選輯》第33冊，光緒三十一年，頁15-16。

據上，當時朝廷對編纂鄉土志有著非常精要的認識，即「學堂宗旨以教人愛國為第一要義，欲人人愛國，必自愛其鄉始，欲人人愛鄉，必自知其山川人物始」，可見鄉土志對基礎學堂教育的意義非凡。但是中國地大物博，纂修鄉土志的工作非京城的編書局所能勝任，只能令各地自行修纂，方為可行，因而朝廷遂令各地自來文一年內編纂成書。稍後，新疆省府表示「新疆並無此項志書，無從寄送，惟地圖一項應由該司查取」[3]，並札文吐魯番廳：

> 查鄉土志關係政教，例目甚繁，必須考據精詳，窮原竟委，方能依例採錄編輯無訛，新疆文教初開，士紳莫能勝任，至用幕寮專辦，能文者固不乏人，而博學者殊難其選，惟既奉學務處諮取，亦未便以事涉繁重，高閣置之，各府廳州縣轄境匪遙，**凡地輿、建置、名宦、鄉賢、人類、物產事實尚可查考，條分縷析，易為功**，務飭該各員遴派文人編輯成帙，限半年取齊送局以為匯輯張本，屆時由本總局詳請撫部院會商布政司敦聘博雅鴻儒審定，刪潤匯訂善本咨部詳核，以資授課而俾學科，除留志例一本存案並分移外，相應備文移請，為此合移，請煩查照轉飭所屬一體送辦，並請先行查取地圖一套送局貴院以憑轉諮，望切施行，須至移者，計抄單一紙，鄉土志例目十三本，等因准此，除分行外，合行札飭，為此札，仰該廳即便遵照來文內查取地圖徑貴商務總局查核並貴本道查考，切速毋延，此札。[4]

---

3　《清代新疆檔案選輯》第33冊，光緒三十一年九月，頁26。
4　同上注3，光緒三十一年九月，頁26-27。

新疆省府當局也認為編纂鄉土志的工作只能由各地自己來完成,但考慮到「新疆文教初開,士紳莫能勝任」,因此並建議各地修完後,由省府「聘博雅鴻儒審定刪潤匯訂善本」,「以資授課而俾學科」,並遞去《鄉土志例目》作為修纂的指導。而有關這部例目的內容,上世紀八〇年代,學者田雨在古籍中發現了這部文獻,並將其整理刊布,該例目規定了鄉土志修纂的內容有歷史、政績、兵事、耆舊、人類、戶口、氏族、宗教、實業、地理、山、水、道路、物產、商務,總計十五項。[5] 隨即,各地開始修纂鄉土志教材,但至光緒三十二年八月已過一年期限,新疆巡撫仍在催促編纂工作,如「其應編志書,各廳州縣有請展緩者,有請免賫者,即地圖亦復寥寥無幾。細閱鄉土志目,既係堂授課要件,未便聽任久延,致煩瀆請,除由本總局檢鈔原案及往返批瀆,從前接存地圖一併附文移送高等學堂外,所有應編上項志書即請轉飭所屬認真速辦,呈送高等學堂辦理,以清案瀆」[6],最後終於在光緒三十三年十一月,鄯善縣令稟報:「卑職遵即查照原發鄉土志例目逐一研究,指出古史博采輿論,其於縣境山川道路戶口風俗均經確切查明編輯成帙,並繪圖帖說,業經備文申賫撫憲暨高等學堂總辦憲在案,茲復奉藩憲電催速辦等因,理合再將圖志繪造各一分備文申賫憲臺鑒核查考,為此具申,伏乞照驗施行,須至申者,計申賫鄉土志一本,圖說一張」[7],可見《鄯善縣鄉土志》已在光緒三十三年修成,但現行整理本《鄯善縣鄉土志》的時間為光緒三十四年[8],當係省府「博雅鴻儒審定刪潤」後的定本。此外,筆者還在檔案中發現

5　田雨:〈清學部頒《鄉土志例目》〉,《社會科學戰線》1985年第4期「近代史料」。

6　《清代新疆檔案選輯》第33冊,光緒三十二年八月,頁168。

7　同上注6,光緒三十三年十一月初九日,頁379。

8　馬大正、黃國政、蘇風蘭整理:《新疆鄉土志稿》(烏魯木齊市:新疆人民出版社,2010年),頁137。

了一份吐魯番廳的「鄉土志」（以下簡稱「檔案本」），其內容如下：

計開：

一、廳治自東至西，方五百里，自南至北，方四百里，東界鄯善縣，南界羅布淖爾，西界焉耆府，北界阜康縣，東北界奇臺縣，西北界迪化縣。

一、廳治四面皆山，有小河二道，半係雪澤，半係泉流，皆無可通舟航之水。

一、廳治城關四鄉漢回纏戶共男女數四萬五百一十三口，旗戶無。

一、廳治除漢回纏民外，惟有俄商貿易，餘無他族雜居，亦無特別關係。

一、廳治人民，除城關外，皆聚村而居，錯落散居者不過十之一二，大約富饒無者少，貧苦者多，現均各安生業。

一、廳治人民，食饃衣褐，猶有古風，惟漢民俗尚異于回纏，然均樸素相安，尚無浮靡荒嬉之習。

一、廳治每年徵收額糧九千五十石六斗四升一合二勺八抄，園課銀一千四百五十六兩六分五釐。

一、廳治向無鐵路，惟驛道及電線，則東達鄯善，南達焉耆，西北達迪化，共站九臺，官電分局一所，礦山則城北百四十里煤窯溝產煙煤，僅供本地之用，其餘森林鹽場漁場海口商埠均無。

一、植物以棉、葡兩項為大宗，棉花歲產三百餘萬斤，葡萄歲產二百萬斤，此外曰蜀黍、曰麻、曰麥、曰粱、曰瓜、曰梨、曰李、曰杏、曰蘋果，曰石榴、曰桑，動物曰馬、曰牛、曰羊，製造品現設織布局，歸商承辦，車機甚鈍，紡

織不精，僅供本地之用，惟棉葡兩項，由陸運出內地俄地行銷，別無製造品及出口貨物。

一、境內人民所操執業，為士者少，為農者多，為工商者僅十之一二。

一、境內人民除漢回外，均係回教，並無喇嘛黃教紅教及天主耶穌等教。

一、境內原設漢民義倉一所，積糧二千三百八十六石一斗三升三合；回民義倉一所，積糧三千三百三十三石三斗八升六合九勺。纏民義倉七所，積糧一千六百八十一石六斗四升一合二勺。有孤老院一所，每年由地方官發給衣糧，並無公費。

一、境內人民並無迎神賽會之事。

一、境內原分四鄉，每鄉曰堡、曰工、曰莊，名目不一，為戶民團聚之區，漢回少而纏戶多，文字語言均難通曉，現擬設勸學所，派通曉纏文之士，擇纏童之及歲者，誘掖而獎勸之，動其向學之心，然後照章分定學區，次第興辦。

一、境內四鄉，各設鄉約一名，管理額徵糧課及傳諭戶民等事，各工、莊、堡設莊頭一名，管理水利耕作之事，分設巡長稽查盜賊及爭鬥之事，此外別無鄉職。

一、本城原設義塾一所，光緒三十一年改為蒙養學堂，三十三年添設新城蒙學一所，現遵部章，均改為初等小學堂，共計學生二十一名。本城學堂教育經費四百餘兩，由公家給領，新城學堂教育經費四百餘兩，由官捐廉，外有私立學堂四所，共計學生五十四人，教育經費由民自備，均無的款可籌。

一、勸學所、教育會現正籌辦，俟開辦時再將情形詳細陳報。

一、廳治向係回部，世受天經，習俗相沿，積重難返，從前廣
　　設義塾，靡費不下數萬金，勉強羈縻，究難馴其野性，現
　　在辦法均有一定章程，但學齡程度太低，難期速效，加以
　　纏回風氣，視就學為畏途，卑廳遵章舉行，惟有先籌的
　　款，多方開導，以期振興普通，漸臻道一風同之盛。[9]

根據現行整理的《吐魯番直隸廳鄉土志》（以下簡稱「整理本」），其
落款時間為光緒三十三年，而檔案本雖無確切修纂時間，但結合檔案
時間（光緒三十四年正月）並參考前文鄯善縣鄉土志的修成時間來
看，《吐魯番直隸廳鄉土志》大概也應纂成於光緒三十三年。不過，
檔案本與整理本之間還有巨大的內容差異，很顯然，檔案本應該屬於
一個簡略本，而非全本。如果比照《鄉土志例目》規定的十五項修纂
內容，會發現檔案本缺乏歷史、政績、兵事三項，不過卻有整理本沒
有的學堂等教育機構的詳細記載。此外，檔案本中的義倉、鄉約內容
亦為整理本所無。即便是兩者都有的部分，檔案本的有些記載也更為
詳細和到位。如整理本雖在「戶口」項下按照城、關及東、西、南、
北鄉的區域劃分來統計人口數量，但檔案本對四鄉的解釋為「每鄉曰
堡、曰工、曰莊，名目不一」，這就如實的反映了吐魯番直隸廳當時
鄉莊的具體情況，並且明確說明「境內四鄉，各設鄉約一名，管理額
征糧課及傳諭戶民等事，各工、莊、堡設莊頭一名，管理水利耕作之
事，分設巡長稽查盜賊及爭鬥之事，此外別無鄉職。」這都與筆者有
關當地鄉約任職情況的討論完全一致[10]，但整理本中卻不見此類詳細
的記載。就此來看，檔案本雖然簡單不全，但其信息量及史料價值仍

---

9　《清代新疆檔案選輯》第21冊，光緒三十四年正月十二日，頁222-223。

10　王啟明：《晚清新疆吐魯番社會史研究——以地方首領和官辦教育為中心》（南京大
　　學博士論文，2015年5月），頁59-79。

不可忽視，研究時，應該和現行整理本對照使用。

## 二　考試

　　清末針對學堂教育的考試，制定了《學部改定各學堂考試章程》，並規定「凡學堂考試分五種，一曰臨時考試、二曰學期考試、三曰學年考試、四曰畢業考試，五曰升堂考試。」[11]而且「凡學生畢業應由本學堂填給文憑，以表明其為何等程度，俾將來有所考證」[12]，尤其是「畢業考試六十分以下至五十分以上為下等，給予及格文憑。中學堂獎優廩生，高等小學獎俿生優級，初級師範俟義務年滿後分別給予舉人貢生，獎以職銜。惟學年考不及六十分者不予升級，竊查證分多寡，本視答案成績優者以為善，而畸重畸輕，教員每隱施操縱之權」[13]，而對於那些畢業考試列為下等的學生，章程規定「留堂補習一年再行考試，分別按等辦理，如第二次仍考下等及不願留堂補習者，給以修業年滿憑照，聽其自營生業」[14]等等。不過，關於清末新疆學堂考試的具體內容及形式未曾見有學者披露，茲以檔案中保存之學生考試試卷為例，以窺其概貌。

　　據一組具體時間不詳的清末學堂考試試卷顯示，清末新疆學堂考試基本上按照各學堂所開設的科目進行，具體情況如下[15]：

---

11　《清代新疆檔案選輯》第33冊，光緒三十三年二月，頁287。
12　同上注11，第34冊，宣統元年六月二十六日，頁195。
13　同上注11，第34冊，宣統二年十月，頁385。
14　同上注11，第35冊，宣統二年十月，頁278-279。
15　以下試卷均見同上注11，第35冊，頁435-437。

試卷考生馬瑞圖曾在宣統二年吐魯番廳官立藝徒學堂的學生名單中出現，所以此套試卷或許就是該生在藝徒學堂的考試試卷，但從所列國文、筆算、體操、修身與習字五門試卷的科目來看，以上試卷也完全可以反映初等小學堂相關科目的考試狀況，因為後者也開設此類課程，茲根據《奏定初等小學堂章程》對相關科目的要義解釋，試對比以上試卷，並分析如下：

　　謹案，「中國文字：其要義在使識日用常見之字，解日用淺近之文理，以為聽講能領悟、讀書能自解之助，並當使之以俗語敘事，及日用簡短書信，以開他日自己作文之先路，供謀生應世之要需。」[16]但觀察馬瑞圖的國文試卷，就會發現該試卷考試內容與「中國文字」的要義完全不同，更像歷史、地理與格致科的題目。這也提示我們，所謂的「國文」並不能簡單的等同於「中國文字」。但按照中國文字的要義，馬瑞圖的習字試卷倒頗為對應，所寫者正是所謂的「日用常見之字」，其字體楷書，但不曉得當時評卷的標準如何，最後只給了七十分。

　　又「修身：其要義在隨時約束以和平之規矩，不令過苦；並指示古人之嘉言懿行，動其欣慕效法之念，養成兒童德性，使之不流于匪僻，不習于放縱。」[17]觀察馬瑞圖的修身試卷，問朱熹讀書法為何，馬國瑞只答了所謂的「朱子讀書六法」之一[18]。但對於三國吉茂讀書的理解則非常完整。可見，這些試題完全符合修身的要義，都是些古人教誨德行讀書的案例，馬國瑞基本掌握要領，所以得了九十分。

　　又「算術：其要義在使知日用之計算，與以自謀生計必需之知識，兼使精細其心思。當先就十以內之數示以加減乘除之方，使之純熟無誤，然後漸加其數至萬位而止，兼及小數；並宜授以珠算，以便將來尋常實業之用。」[19]該科目在馬瑞圖的試卷中列為「筆算」，顯得更為通俗易懂，兩道計算題均結合日常實際編設，馬國瑞通過數學公式演算，得出正確的答案，給予滿分一百分。

---

16 《中國近代教育史資料彙編》〈學制演變〉，頁295。

17 同上注16，頁294。

18 李本達等主編：《漢語集稱文化通解大典》（海口市：南海出版公司，1992年），頁404。「居敬持志、循序漸進、熟讀精思、虛心涵泳、切己體察、著緊用力。」

19 同上注16，頁295。

　　至於「體操：其要義在使兒童身體活動，發育均齊，校正其惡習，流動其氣血，鼓舞其精神，兼養成其群居不亂、行立有禮之習；並開導以有益之遊戲及運功，以舒展其心思。」[20]由於體操一門屬於運動課，所以考試沒有文字試卷，但檔案仍然保留了馬瑞圖的體操成績為一百分。

　　需要注意的是，上面所列試卷並無「讀經講經」科目，如果按照初等小學堂章程，這類課程應該學習《孝經》、《四書》、《禮記》等節本[21]，是否存在這門科目的考試，有待來日材料的豐富。另外，馬瑞圖的國文試卷如所分析，更像歷史、地理與格致考試，雖然前文也曾提及這三門科目可採用《鄉土志》教材，但這畢竟是五年學制中的前兩年要求，從第三年起就可突破本縣局域，講授全省及全國的歷史地理情況[22]，所以並不矛盾。要言之，以上馬瑞圖的試卷反映的不僅是藝徒學堂的考試情況，更反映的是吐魯番廳大多數新式學堂教育考試的基本情況。

　　至於學生畢業後所給予的出身問題，由於光緒二十九年頒布的《奏定各學堂獎勵章程》規定「自高等小學堂以上，或由升學考試給獎，或由畢業考試給獎，各有限制，各有取義。茲比照奏定獎勵出洋遊學日本學生章程，給予出身，分別錄用。」[23]可以看出，作為府廳州縣層級最為廣泛的基礎教育——初等小學堂並不在畢業獎勵出身的行列，但是從宣統三年起，學部開始議奏，「擬于以後大學畢業者仍稱進士，高等及與高等同程度之學堂畢業者仍稱舉人，中學及與中學同程度之學堂畢業者統稱貢生，高等小學及初等實業學堂畢業者統稱

---

20　《中國近代教育史資料彙編》〈學制演變〉，頁296。
21　同上注20，頁294。
22　同上注20，頁298。
23　同上注20，頁514。

生員，均以考試畢業列中等以上者為限，其大學及師範實業既一法政醫學等專門學堂畢業者均加某科進士，或某科舉人字樣，俾有區別」[24]，此項建議最終在宣統三年被批准，獎勵出身的學堂擴大到初等實業學堂，但如同清末「新疆纏師範獎勵章程」一樣，在清朝即將滅亡的幾個月內，其實施的可能性微乎其微。

## 三　放假

光緒三十三年，提學使杜彤轉來學部有關學堂放假的規定：「照得本部前經酌定學堂假期，每年正月十六日開學，至夏至後六日散學，為第一學期。處暑前五日開學，至十二月二十五日散學，為第二學期。曾經編定光緒三十三年學堂假期表遵行在案，茲由本部編定光緒三十四年學堂假期表，各省學堂暨海外華人所立學堂皆應一律遵照辦理」[25]，據此可知，清末學堂施行上、下兩學期制度，並且提前編訂每年的學堂假期表分發各地。不過學堂假期表在新疆的具體施行稍有變化，我們可以從「宣統三年歲次辛亥學堂假期表」[26]中一查究竟，茲將其內容逐錄如下表：

---

24 《清代新疆檔案選輯》第35冊，宣統三年十月初六日，頁316。

25 《清代新疆檔案選輯》第33冊，光緒三十三年十二月十四日，頁417。

26 同上注24，時間不詳，頁380。

## 宣統三年辛亥學堂假期表

| 正月初十日恭逢皇太后萬壽、正月十三日恭逢皇上萬壽、八月二十七日恭逢至聖先師孔子誕日，各學堂行禮，表中僅注行禮字樣。 | | | | | | |
|---|---|---|---|---|---|---|
| 正月大 | 初七星期 | 初十行禮 | 十三行禮 | 十四星期 | 二十問學 | 二十一星期 | 二十八星期 |
| 二月小 | 初五星期 | 初八□祭 | 十二星期 | 十九星期 | 二十六星期 | | |
| 三月大 | 初四星期 | 十一星期 | 十八星期 | 二十五星期 | | | |
| 四月小 | 初二星期 | 初九星期 | 十六星期 | 二十三星期 | | | |
| 五月小 | 初一星期 | 初八星期 | 十五星期 | 二十二星期 | 二十九星期 | | |
| 六月大 | 初七星期 | 十四星期 | 二十一星期 | 二十八星期 | | | |
| 閏六月小 | 初五星期 | 十二星期 | 十九星期 | 二十一問學 | 二十六星期 | | |
| 七月小 | 初四星期 | 十一星期 | 十八星期 | 二十五星期 | | | |
| 八月大 | 初三星期 | 初十星期 | 十五中元 | 十七星期 | 二十四星期 | 二十七行禮 | |
| 九月大 | 初一星期 | 初八星期 | 十五星期 | 二十二星期 | 二十九星期 | | |
| 十月小 | 初三國會 | 初六星期 | 十三星期 | 二十星期 | 二十七星期 | | |
| 十一月大 | 初五星期 | 十二星期 | 十九星期 | 二十六星期 | | | |

| 十二月大 | 初三星期 | 初十星期 | 十七星期 | 二十四星期 | | | |
|---|---|---|---|---|---|---|---|
| 說明 | 以上所開放假日期，除南疆纏民學堂准將星期改於巴柵放假，並於八月初三、初四、初五，纏民□□准予放假三日外，所有各處學堂皆應一律尊章辦理，不得於假期之外另行放假，其吐魯番哈密和闐等處多纏之地，由地方官酌量於暑假前後或展長五日至十日均可，惟暑假展長若干日，年假宜減短若干日，庶於定章相符，至小學堂於暑假期內仍於晨間授課三小時，中等以上各學堂如遇舉行學期考試時，先期停課二日舉行，學年考試之時，先期停課四日，俾資溫習。各項小學堂舉行學期學年考試一律停課二日。 | | | | | | |

據上表，我們可以清晰的看到學堂教學每週七天，與現代學校教育每週天數一致，值得注意的是，光緒二十八年的《欽定小學堂章程》及《欽定蒙學堂章程》則規定每週為十二天。[27]在規定的兩個學期之內，該假期表詳細標明了每個月中哪天為放假日，以及在皇帝、皇太后的壽辰以及孔子誕生日要進行行禮。推行到新疆，當地教育部門則根據新疆特殊的人文地理環境，在南疆，將星期改在維吾爾學生的巴柵日放假，巴柵即巴扎，原為波斯文بازار（bazar），後引入察合臺語中，意為集市、市場。在傳統的南疆百姓生活中，巴柵日每星期一次，多數在星期五或星期日，成為當地居民日常生活不可或缺的一項重要活動。新疆省府將學校的星期天與南疆的八柵一一對應變通，非常方便人民生活，這種按照當地生活的規律放假，即維護了學校的規章制度，也方便了當地學生及其家庭的日常生活。對於吐魯番、哈密、和闐等地維吾爾民眾分布較多的地方，當地官府也可以根據實際情況酌情將放假時間有所延展。此外，針對學生的各種考試，也制定了提前幾日停課複習考試的制度，這都與當代某些教育規定的實際操作相一致。

---

27 見《中國近代教育史資料彙編》〈學制演變〉，頁273、283。

# 第七章
# 晚清新疆官辦教育的整體成效

　　本章主要通過義學教育與傳統伊斯蘭教育、學堂教育與「扎吉德」教育的比較，來展示晚清新疆官辦教育的整體成效及其經驗與教訓。

## 一　晚清新疆義學成效

　　義學所取效果如何，當事人的看法應該最具代表性，以光緒十八年（1892）新任新疆巡撫陶模到任後瞭解的情況為例：

> 新省創立義學已逾十年，如果地方官勤加督飭，各塾師認真訓迪，教澤及人，必有成效，本部院去冬入境，沿途詢訪，履任後又復博考旁咨，乃知各義學徒有其名，全無實際，固由地方官未能破除情面，力圖振興，而塾師中僅圖修補之豐，於學徒功課敷衍了事者正復不少。[1]

在陶模看來，創辦十餘年的新疆義學竟然「徒有虛名，全無實際」，正因如此，陶模才開始嚴加整頓義學，力圖振興，並增定義學章程六條[2]，以期有所好轉。但直至義學裁撤，這種調整亦未見有多少收效，以至於清末所修《新疆圖志》〈學校志〉有如下評論：

---

1　《清代新疆檔案選輯》第36冊，光緒十八年，頁127。
2　同上注1，頁127-130。

> 光緒初再經勘定，左文襄奏改設郡縣，置學塾訓纏童，以為潛移默化之具，而劉襄勤繼之，……于是大興義塾，而吐魯番、烏蘇、精河與夫拜城、焉耆、沙雅等處皆次第添設，而學校遂駸駸稱盛焉，然其效去于內地者遠矣。[3]

從光緒四年算起，至光緒三十一年義學全部裁撤，已歷二十餘年，但「開學二十年所造者毛拉而已（纏語謂識字者曰毛拉，應官署書寫者）。」[4]其成效自然無法與內地義學相比。再如一九○七年在新疆考察的日野強也觀察到當地義學教育受到如下挫折：

> 新疆的民眾只醉心於他們信奉的宗教，學識空洞，智力減退，原來就不具備為國家盡力的義務觀念，而風俗又每況愈下。為此清政府曾一度大力興辦教育，在各地設立義塾，獎勵回部子弟入學讀書，教授儒教的經書及漢語，企圖借此來推動教育的普及發展，然而收效甚微，至今已經廢止，殊覺可惜。[5]

可以看出當時的中外觀察者對新疆義學教育的效果認識一致，即官府大力推廣，但收效甚微。雖然「歷任大憲均皆鄭重其事，憲臺蒞新以來，尤復加意培植，其入學子弟每名按月發給薪糧及筆墨等費，四季考課，優給獎賞，以為鼓勵之資。又於歲科兩考擇其文理通順者令地方官咨送到省應試取進入學，俾有進身之階，其所以誘掖獎勵之者，不可謂不至已。」[6]但距設立義學的初衷仍相去甚遠，無論從義學的

---

3　王樹枏等纂修、朱玉麒等整理：《新疆圖志》中冊，頁693。

4　同上注3，頁695。

5　日野強著、華立譯：《伊犁紀行》，頁364。

6　《清代新疆檔案選輯》第32冊，光緒二十七年十二月十一日，頁192。

師資配備及教材的選擇，還是從學生的出路來看，南疆維吾爾社會對
兒童進入義學讀書都有強烈的抵制態度，常消極應對。究其原因，主
要在於當地傳統伊斯蘭社會與源自內地儒家思想的義學教育之間存在
巨大的文化差異，時人也慨歎「蓋宗教語言文字無不隔閡，施教者又
鹵莽滅裂，無怪其然也。」[7]

　　以塾師言之，如維吾爾民眾聚居地之一的吐魯番八所義學的塾師
仍不外乎「所遣教習大都內地游學隨營書識」[8]，所以其總體文化水
平有限，無疑會影響義學的教學質量。而且塾師教學方法也存在問
題，塾師往往「授以《千字文》、《百家姓》，以次授以對字作八比」，
導致「纏民茫然不知所謂，愈益厭苦之」[9]，所以維吾爾學童逃學自
然有之。如光緒二十四年，官府札文魯克沁郡王，「照得本府案據魯
克沁費塾師面稟，該塾學童能試之、薛藝國、沙明珠、師勉蓋等屢次
逃塾，不遵師訓，殊屬不成事體，合行札飭，札到該郡王務須速傳該
童家屬克日帶領學童能試之等赴學請罪，以儆將來，倘敢玩不送學及
送學後仍有逃匿情事，定將該童父兄一併提案究懲，絕不姑息，切切
毋違，特札。」[10]甚或「師或防其逃逸，閉置室內，加以桎梏」。[11]但
有時塾師課責過甚，學童一時想不開，也會引發嚴重的悲慘事件，如
光緒十五年鎮迪道轉發給吐魯番的札文中詳述道：

　　照得本年五月初二日奉爵部堂劉 札開，案據署理烏什撫彝廳
　　羅丞正湘申報，驗訊東義塾纏童華國因背書不熟，被塾師曾澤

---

7　王樹枏等纂修、朱玉麒等整理：《新疆圖志》中冊，頁695。

8　同上注7。

9　同上注7。

10　《清代新疆檔案選輯》第30冊，光緒二十年四月二十二日，頁224。

11　王樹枏等纂修、朱玉麒等整理：《新疆圖志》中冊，頁695。

霖責打後，越二日潛至後院空房自縊身死等情到本大臣爵部堂
行營，據此除批上年十二月據葉、和善後局黃道詳報，固瑪義
塾纏童郭笏林因背書不熟，被塾師蕭廷俊笞責，負氣自縊一
案，本大臣爵部堂批，以塾師訓從善誘為尚，郭笏林年已十
八，應在不笞之列，該塾師何得過於重責，致令輕生，批飭將
該塾師驅逐勒令回籍以示薄懲，並通飭傳諭各塾師用心訓讀，
務令僻荒異俗，鼓舞而向儒風。[12]

讀完上文，著實令人心寒，在光緒十五年前後，南疆連續發生了兩起
學童因背書不熟被塾師笞責，負氣自縊的人命案件，劉錦棠接報後，
也指責塾師「何得過于重責，致令輕生」，遂將塾師革退，並通飭全
疆塾師需「用心訓讀，務令僻荒異俗，鼓舞而向儒風」、「各塾師嗣後
訓徒，務以善誘為尚，即或生徒違犯教令，亦只夏楚二物以收其威，
毋得過於重責，致令輕生」。[13]另外，有些塾師還往往嫌貧愛富，如光
緒九年吐魯番商民等反映「自去歲夏間黃先生因厭學徒，而多留富
回，辭退窮回」，致使學童「延誤至今一年，不但前讀兩三年之書工
棄盡，日每聞曠游，性難收，深為其憂」[14]，塾師不能一視同仁，致
使被辭學生所學全行荒廢。

　　但影響義學成效最根本的原因則在於南疆伊斯蘭社會有其固有的
一套教授孩童學習識字的教育體系，較之義學之塾師與教材等教學，
傳統的伊斯蘭經學教育更能切近當地社會的需要，被當地所接受。正
如《新疆圖志》分析道：

---

12　《清代新疆檔案選輯》第28冊，光緒十年五月十九日到，頁373。

13　同上注12，光緒十年五月十九日到，頁374。

14　俱見同上注12，光緒九年三月十七日，頁298。

然纏民雖數十家必建寺，寺必有學。其人篤信教祖，牢不可破，以拜孔子為大恥。雖以官方強迫之，終不能怡然就範。且一入學，種人即謂之背教，無不異視之者。故勸之識字，則曰我有阿里卜 [ا alif]，言史學則曰我自有駝犁克 [تاريخ tarikh]，與之言讀經，則曰我有庫魯安（當即所謂可蘭經 [ألقرآن quran]），醫書則有惕普奇塔普 [طب كتاب tibb kitāb]、農書則有哩薩拉 [رسالة risāla]，占候之書則有魯斯納默 [روز نامه roz-nāma]。回教立國數千年，各種書籍浩如煙海，纏之阿洪亦不盡通曉，然其宗教則深入人心，其教規凡竊者賭者吸菸嗜酒者皆不得入寺，生子命名問阿洪，兒童年歲問阿洪，或娶或葬，無一事不聽阿洪之言。[15]

可見，南疆傳統社會有其基本的啟蒙教育，即在清真寺中學習。而根據清代義學章程，學童「每日入塾，即向聖前焚香叩拜，揖禮先生。」[16]但伊斯蘭教崇信「萬物非主，惟有安拉」，所以在他們看來，祭拜孔子為大恥。而義學所教內容，從識字、歷史學習到經學教育等科目，在傳統的伊斯蘭教育中都能找到對應的內容及教材，無怪乎會有「故勸之識字，則曰我有阿里卜 [ا alif]，言史學則曰我自有駝犁克 [تاريخ tarikh]，與之言讀經，則曰我有庫魯安 [ألقرآن quran]」，更何況伊斯蘭社會同樣有其傳統的識字教學老師——阿洪，根據晚清遊歷南疆的蕭雄記載：

---

15 王樹枬等纂修、朱玉麒等整理：《新疆圖志》中冊，頁695。文中括號內係引者補加說明文字，其中惕普奇塔普、哩薩拉、魯斯納默三詞蒙阿不力克木老師提示，特此致謝。

16 無名氏：《變通小學義塾章程》，徐梓、王雪梅編：《蒙學要義》（太原市：山西教育出版社，1991年），頁64。

俗亦重識字，以識字誦經為出眾，皆童時肄習之。傳教者曰阿
渾，師傅之謂也。其人不受官職，通經講禮，立品端方。不飲
酒，不吸菸，恪守遺規，期為表率。常勸人行善事，學好樣，
老幼男婦，莫不親敬。伯克、臺吉等不敢以勢加之，分與王同
坐，亦重道隆師之意也。講舍必傍樹陰，室中無椅案，師徒席
地而坐，旁設矮棹一二張。夏日則環坐樹根，捧書誦讀。凡入
學者，各執木簡，或牛羊版骨一片，趨謁阿渾，阿渾為之書字
於上，即讀本也。小兒不率教者，則以紅柳木條笞其腳心。據
云紅柳乃聖人遺留責人者，能使人開心思，善記憶，且腳心擊
之無傷也。束修極薄，往年南八城一帶，生徒一人，每至七
日，供送普兒一文，遇節饊麵饆油饊而已。[17]

總之，南疆維吾爾居民對阿洪的尊敬及其地位絕非義學塾師所能企
及，而且阿洪有其固有的一套教學方法和教材，而這無疑都屬於伊斯
蘭傳統教學體系，並非義學系統所能輕易取代。《新疆圖志》對此亦
有清醒的認識：「故啟牖之難，正在有教有學，外來者不易入也。」[18]

　　如果說進入義學讀書雖有著各種不適，最後有一好的現實出路，
那也可以用現實所獲利益回報往日入塾學習之不足。但實際情況是
「義塾中讀書數年者多無生業可謀，每有至省城傭工者，故纏民視學
為畏途。」[19]更有甚者，如光緒二十七年烏什廳主易壽松所稟：

　　惟纏民囿于一偏，習俗難移，奉彼教如神明，民間所謂阿洪則
　　人皆敬而畏之，吉凶嫁娶一切悉必稟命而後行，何也，以其類

---

17 蕭雄：《西疆雜述詩》卷3「風化」。
18 王樹枬等纂修、朱玉麒等整理：《新疆圖志》中冊，頁695。
19 同上注18，頁697。

相親，其氣相感也。至于吾教，視為畏途，蓋以言語不通，嗜
欲不同，故其入學讀書，纏童大抵皆鄉人買充，以為公家當
差，一人入塾門，則群相姍笑，目為黑丹，以其頓改纏教，終
身別無出路，不啻廢人，故甚至從而鄙夷不與開親。查纏童賦
性愚陋，即間有聰穎者，尚不敵漢人中質，在各憲重視義塾之
意，亦不過欲其明倫常，識義理，並非責以積習文字，傳取功
名，致身通顯以為宗族交遊光寵，每見有讀漢書十餘年，百無
一成，即每季考課，其中弊竇甚多，不過奉行故事，又何能循
名而貴，實故纏童一出塾門，事畜無資，欲謀一衣食之所，尚
且不能，無怪乎視同畏途，裹足不前，而猶不如彼族之鄉約頭
目，尚足以歆動于鄰里也。[20]

即在維吾爾民眾看來，進入義學已經到了離經叛道的地步，「一人入
塾門，則群相姍笑，目為黑丹」，黑丹即波斯文之ختن Khitan，為契丹
之音，指代漢人，《五體清文鑒》中察哈臺文寫作خطای Khtai，同樣
指稱漢人。[21]總之，維吾爾社會借此鄙視那些入塾學習的人員，將其
等同於漢人。終身別無出路，形同廢人，「甚至從而鄙夷不與開親」，
即被當地整個社會所孤立。而且「讀漢書十餘年，百無一成」，所以
「纏童一出塾門，事畜無資，欲謀一衣食之所，尚且不能」，因而入
塾學習被視為畏途。其入學苦讀並未得到應有的回報，尚且不如基層
社會中的鄉約頭目人等，尚能令鄉民羨慕，這正是義塾收效甚微的現
實原因。

　　正因二十餘年新疆義學收效甚微，在義學即將裁改前夜，光緒二
十七年年底，烏什廳主易壽松在前揭義學教育不足與收效甚微的同

20　《清代新疆檔案選輯》第32冊，光緒二十七年十二月十一日，頁192-193。
21　《五體清文鑒》上冊（北京市：民族出版社，1957年），頁779。

時，針對學童的出路問題，提出了一條頗具建設性的激勵措施：

> 查南疆自裁阿奇木伯克後，改設鄉約，民間視充約長直無異乎
> 仕宦之榮，一鄉自鄉約而外，則有彌拉普、玉孜巴什及溫巴什
> 等名目，以次鈐轄，一充頭目則族黨戚友均免差徭，利之所
> 在，人爭趨之，彼稍為狡黠之徒，夫孰不見獵而心喜，以故，
> 彼方充當，此又欲以更代，互相排擠，互相攻訐，時而聯名控
> 告，時而聯名薦舉，此倡彼和，動輒數十百人貿貿無知誠理
> 喻，勢禁而俱有所不可。卑職以為，與其強之以所不欲，不如
> 導之以所可欲，禁之于所必爭，不如置之于所不爭，擬請憲臺
> 通飭南疆各府廳州縣自今以後，如果義塾纏童文理清順成篇
> 者，用心裁成，留為應試；其次性情純正，精通漢語者，各處
> 揀擇二名，每于朔望宣講《聖諭廣訓》，優其薪糧，俾資化
> 導，遇有地方鄉約頭目缺出，先盡于宣講生補充。然此事須行
> 之以漸，其鄉約中素行老成者仍准暫行充當，將來俟宣講著有
> 成效，再于該生中挨次選充，似此二三年中，鄉約頭目皆通達
> 義理之人，不致遽行更張，使若輩致懷觀望，其次纏童等因材
> 器使，或放彌拉普、玉孜巴什各頭目；再有字書清楚者或派充
> 書辦，或派充各站驛書，使其各有謀生之路，其義塾中童額不
> 足，然後另擇充補，其餘之人亦不令其向隅。至鄉約各頭目，
> 又限以兩年更換輪流充當，如滿兩年，辦公勤慎，鄉民悅服
> 者，准再留充一年，如敢藉公舞弊，仍即隨時革退，不准復
> 充，所有由義塾補充鄉約頭目按季造具年貌清冊，通賞存案，
> 似此略為變通，則人人有自愛之思，義塾子弟知片長薄技，亦
> 必錄用，由是互相觀感，悉皆勉為善良，亦人人有可循之序，
> 閻里豪強知鄉約頭目必須讀詩書者方准充補，非越理把分所可

僥邀，由是而循規蹈矩，愈知傾心向學，不致甘于暴棄，一轉移間，今日以為苦，異日以為樂，人材蒸蒸日上，似於學術民風不無裨益。查新疆邊省與腹地情形不同，新疆前有阿奇木伯克，猶雲貴廣西邊繳之有土司，今之鄉約猶存，其意似此，因俗而治，不必立異衿奇，群情樂從，較屬易易，卑職愚昧之見，是否有當，出自鴻裁酌奪，所有懇請南疆各塾童除學業成材者留為應試外，其餘改放鄉約頭目並書辦驛書，使有出路各緣由除通稟外，理合肅具懇稟，恭候批示祗遵。[22]

烏什廳主易壽松發現南疆伯克裁撤後，鄉約及彌拉普（mirāb）、玉孜巴什（yüz baši）及溫巴什（on baši）等頭目[23]在當地社會中擁有很大的現實利益，正因如此，他們常常互相攻訐，但與其禁之不止，不如利用民眾對於頭目職位的歆羨，正好作為激勵和安排義塾學童的未來出路，其具體方案為：一、對於那些文理清順成篇者可以留塾參加科舉考試；二、那些性情純正精通漢語者，每處選擇兩名，朔望宣講《聖諭廣訓》，並優給錢糧，作為日後出缺鄉約的備選人員，或者補放彌拉普、玉孜巴什等頭目；三、那些字書清楚者可以充當衙門的書辦，或者驛站的驛書等職。這樣多數人不僅有了出路，更有了謀生之路，最終促使百姓明白要當「鄉約頭目必須讀詩書者方准充補，非越理把分所可僥邀」，如此必然會刺激學童入塾學習，此項建議當即被新疆巡撫批准。遺憾的是，這項方案出臺的太晚，因為此後不久全疆便開始了裁撤義學的行動[24]，義學逐漸被近代學堂教育所取代，以上

---

22 《清代新疆檔案選輯》第32冊，光緒二十七年十二月十一日，頁193-194。

23 王啟明：〈晚清新疆伯克變革研究〉，《西北民族論叢》第11輯（周偉洲主編，北京市：社會科學文獻出版社，2015年），頁67。

24 如吐魯番地區，可參見《清代新疆檔案選輯》第32冊，光緒二十八年二月，頁157-158；同冊，光緒二十八年二月初四日到，頁198-199。

針對義學學童出路的計畫也未能真正落實。

　　總之，對於晚清新疆義學教育總的評價，也許可以用片岡一忠的評論來結束，即「雖然從維吾爾族社會同一華化來看是失敗的，但從中國歷史來看，從培養知曉漢字的維吾爾族擔任基層統治體制這一點上，義塾的教育還是有成果的。」[25]筆者基本上同意此觀點，雖然官府舉辦義學教育整體效果不佳，但仍為第二階段的學堂教育儲備了生源和部分師資，尤其是一些維吾爾師資力量，如魚學詩、屋蔭松等案例[26]，當然這已經是另一個需要探討的主題。

## 二　清末學堂教育成效

　　清朝末年，伴隨官辦漢語學堂教育在新疆的開展，在新疆維吾爾族社會也悄然興起了另外一場近代文化啟蒙運動，其源頭即為俄國韃靼斯坦的「扎吉德」教育。[27]「扎吉德」一詞源於阿拉伯語 usul-i jaded（烏蘇爾·伊·扎吉德），意為「新的教學法」。[28]其創始人為當時俄國克里米亞的加斯普林斯基，他從一八八三年開始，在巴赫奇薩萊出版宣傳新的教學方法「譯者」報，並創辦了按新方法教學的學校，隨後被其他穆斯林地區效仿，如阿布迪勒艾尼一八九三年在撒馬爾罕開辦了一所新式學校，招收了三十名學生，經過四十天的學習，

---

25　片岡一忠：《清朝新疆統治研究》，頁205。

26　王啟明：《晚清新疆吐魯番社會史研究——以地方首領和官辦教育為中心》（南京大學博士論文，2014年），頁135、156。

27　潘志平：〈俄國韃靼斯坦「扎吉德」運動與近代維吾爾啟蒙運動——新疆「東突厥斯坦」運動的緣起〉，《西北民族研究》2014年第3期。

28　Adeeb Khalid., *The Politics of Muslim Cultural Reform*, University of California press, 1998. p.93.

使學生達到識字水平。[29]總之，該新式教育要求將學校的音節教學法改為音素教學法，按照母語字母表進行教學，並教寫字及講授算術、地理等現代學科常識，即以西方現代教育為基礎，對傳統伊斯蘭經文學校的教學方法進行改革。

據學者研究，來自中國新疆的玉山穆薩巴耶曾於一八九八年派遣阿布都克熱木到俄國奧倫堡學習新的教學方法，然後返回喀什噶爾等地，據報當時喀什噶爾和伊寧有九所扎吉德學校正常運作，而伊寧的扎吉德學校裡則有五百多名學生，考試則安排在群眾面前，如此扎吉德教育便在十九世紀末傳播到新疆地區。[30]但清末不過為新疆維吾爾扎吉德教育的萌芽階段，其發展階段則主要在民國時期。據學者研究，萌芽階段的新疆扎吉德教育雖然受到當時保守宗教人士的反對，覆蓋面也非常有限，但與傳統伊斯蘭經文學校教育相比，仍有其鮮明特色，以下將逐一與清末「新政」背景下的官辦學堂教育進行比較，從側面反映晚清官辦學堂教育的整體成效。

一、從改革目的來看，扎吉德教育意在改革傳統經文教育，興辦歐洲式教育施教的新式學校教育。[31]在這點上，清末學堂教育在形式上與扎吉德教育類似，但官辦學堂教育目的則在於「作育人才」[32]及「教育為富強之基」[33]，具體而言，在於培養邊疆民族的國民意識，因而兩者又有所不同。

---

29 熱合木吐拉・艾山：《新疆維吾爾族扎吉德教育研究》，新疆師範大學2009年碩士論文，頁15、17。

30 同上注29，頁19。

31 熱合木吐拉・艾山：〈清末維吾爾教育改革運動〉，《和田師範專科學校學報》2012年第4期，頁14。

32 《清代新疆檔案選輯》第33冊，光緒三十二年十月二十二日，頁386。

33 朱壽朋編：《光緒朝東華錄》第4冊「光緒二十七年（1901年）八月乙未」條，頁4719。

　　二、從教育的倡導者來看，維吾爾族早期工商資本家和開明人士既是扎吉德教育的倡導者又是參與者，往往負責教學內容的確定、教學方法的採用、教材的引進和教師的聘請等內容。[34]而清末學堂教育的倡導者為朝廷和官府主導，自上而下全面推行，進展迅速，如光緒三十三年（1908）新疆全省設立各類學堂三十七所，次年又新增了五十九所，而同期扎吉德學校的建設步伐顯然難與清末學堂教育相比較。在師資方面，清末學堂教育設立專門培養師資的師範學堂，並制定專門的「纏師範生獎勵義務章程」，意在推動維吾爾師資的培養，用以「以纏教纏」，即用培養出來的維吾爾師資教授學堂中的維吾爾學生。

　　三、從學習內容來看，扎吉德教育雖無全疆性的標準課程，其學習內容也由各自學校和任課教師確定，但重視宗教內容和科學內容，如一九〇七年伊寧扎吉德學校的課程表顯示一週有二十六學時，其中十三學時為語文、算術、地理、書法、衛生保健等現代科學內容，其餘十三學時均為宗教內容。[35]而且其教材普遍使用從俄國喀山引進的課本，如《算術》、《教育學》、《動物學》、《衛生學》、《植物學》、《突厥語字母表》、《邏輯學》、《阿拉伯字母表》、《道德學》和《語音學》等，可見扎吉德教學特別重視母語教學，同時也講授阿拉伯語與波斯語。[36]換言之，清末新疆扎吉德教育來源於西部伊斯蘭及俄國的西向文明，並無任何漢語教學，加之與宗教難捨難分，往往缺乏對國家的認同。相比，清末新政學堂教育在學校層次上即分為蒙養學堂、初等小學堂、兩等小學堂、半日學堂、漢語學堂、簡易識字學堂、藝徒學

34 熱合木吐拉・艾山：〈清末維吾爾教育改革運動〉，《和田師範專科學校學報》2012年第4期，頁14。

35 同上注34。

36 同上注34。

堂、實業學堂等各類、各層次學堂，不僅意在識字開啟民智，並通過諸如實業學堂培養良善工匠。其課程則為《修身》、《讀講經》、《中國文學》、《算術》、《中國歷史》、《地理》、《格致》、《圖畫》、《體操》、《習字》和《珠算》等，並有統一規劃的《鄉土志》教材，這些課程無疑都用漢語教學，意在增加對中華國家的認識和認同。

四、從經濟來源來看，扎吉德學校的經費主要來源於承擔學校管理的責任人、捐款和瓦合甫等[37]，正因如此，扎吉德教育不可能完全擺脫與宗教的關係，否則便失去來自宗教方面的經費支持。相反地，清末學堂教育經費則與宗教毫無關係，主要來自官款和當地籌款，具體來說，有各地官員的捐款、發商生息銀兩、水磨課銀、開設秤行所有經費、額外加徵稅銀及變賣義學地畝等。

綜上，扎吉德教育雖然為新式教育，但在清末萌芽階段，從其教學內容、教育經費來源來看，雖然有現代科學因素，但宗教占有重要因素，使其不可能完全脫離，加之其倡導者與教學內容缺乏對清朝中國及漢語的教授，使得扎吉德教育整體上是一種伊斯蘭西向教育，因此，清末扎吉德教育也藉此機會將泛突厥主義思想傳播到新疆，危害邊疆安全與穩定。而清末學堂教育則意在增進知識，面向所有邊疆族群學生，培養現代國民意識，甚為值得推廣。

---

37 熱合木吐拉・艾山：〈清末維吾爾教育改革運動〉，《和田師範專科學校學報》2012年第4期，頁14。

# 附錄
# 新疆府廳州縣歲支教育經費表

（據《新疆省財政說明書》製成）

| 地方 | 歲支（湘平銀） | 地方 | 歲支（相平銀） |
|---|---|---|---|
| 迪化府 | 2478.6 | 鎮西廳 | 4160.5 |
| 庫爾喀喇烏蘇廳 | 3760 | 吐魯番廳 | 5192.99 |
| 哈密廳 | 2864 | 迪化縣 | 21256.5 |
| 昌吉縣 | 3702 | 綏來縣 | 3412 |
| 奇台縣 | 6436.9 | 阜康縣 | 1878 |
| 孚遠縣 | 1498 | 鄯善縣 | 3831 |
| 呼圖壁縣 | 982 | 溫宿府 | 8350 |
| 焉耆府 | 8311 | 庫車州 | 2840 |
| 烏什廳 | 5592 | 溫宿縣 | 6568 |
| 拜城縣 | 2730 | 沙雅縣 | 3015 |
| 輪台縣 | 4300 | 新平縣 | 853.3 |
| 若羌縣 | 1862 | 柯平縣 | 1321.34 |
| 疏勒府 | 9396.8 | 莎車府 | 7124 |
| 和闐 | 7080.8 | 英吉沙爾廳 | 4512.8 |
| 巴楚州 | 3472 | 蒲犁廳 | 438 |
| 疏附縣 | 6266 | 伽師縣 | 4336.24 |
| 葉城縣 | 11874 | 皮山縣 | 5690.9 |
| 於闐縣 | 4112 | 洛甫縣 | 7318 |

| 伊犂府 | 1599.996 | 精河廳 | 1190 |
|---|---|---|---|
| 塔城廳 | 2058 | 綏定縣 | 2950 |
| 寧遠縣 | 7333.6 | | |
| 總計 | 193948.266兩 | | |

# 參考文獻

**史料**（按編著者拼音排列，無著編者附於末尾，下同）

椿　園　《西聞見錄》　嘉慶刻本

和　瑛　《三州輯略》　《中國西北文獻叢書二編》第5冊

李德龍主編　《新疆巡撫饒應祺稿本文獻集成》　北京市　學苑出版
　　　　社　2009年

李桂林、戚名琇、錢曼倩編　《中國近代教育史資料彙編》〈普通教
　　　　育〉　上海市　上海教育出版社　1995年

劉錦棠著、楊雲輝校點　《劉錦棠奏稿》　長沙市　岳麓書社　2013年

馬大正、黃國政、蘇風蘭整理　《新疆鄉土志稿》　烏魯木齊市　新
　　　　疆人民出版社　2010年

戚名琇、錢曼倩等編　《中國近代教育史資料彙編》〈教育行政機構
　　　　和教育團體〉　上海市　上海教育出版社　1993年

璩鑫圭、唐良炎編　《中國近代教育史資料彙編》〈學制演變〉　上
　　　　海市　上海教育出版社　1991年

陶　模　《陶勤肅公奏議遺稿》　馬大正主編　《清代新疆稀見奏牘
　　　　彙編》（同知、光緒、宣統朝卷）中冊　烏魯木齊市　新疆
　　　　人民出版社　1997年

王樹枏纂、朱玉麒等整理　《新疆圖志》　上海市　上海古籍出版社
　　　　2017年

蕭　雄　《聽園西疆雜述詩》　關中叢書本

徐　梓、王雪梅編　《蒙學要義》　太原市　山西教育出版社　1991年

中國邊疆史地研究中心、新疆維吾爾自治區檔案局合編　《清代新疆
　　　　檔案選輯》影印本　桂林市　廣西師範大學出版社　2012年
　　　　12月

左宗棠　《左宗棠全集》　長沙市　岳麓書社　1987年

《清德宗實錄》　北京市　中華書局影印本　1987年

《清光緒年二十二省財政說明書》「陝西新疆卷」第二冊　北京市
　　　　全國圖書館文獻縮微複製中心　2008年

《政治官報》影印本　臺灣文海出版社　1965年

## 旅行、遊記、報告

Hartmann, Martin., *Chinesisch-Turkestan, Geschihte, Verwaltung, Geistes-leben und Wirtshaft.* Halle a.S, 1908. (Kessinger Legacy Reprints)

馬達漢（CARL GUSTAF Mannerheim）著　王家驥譯　《馬達漢西域
　　　　考察日記》　阿拉騰奧其爾校訂　北京市　中國民族攝影藝
　　　　術出版社　2004年

N.Th. Katanov *Volkskundliche Texte aus Ost-Türkistan.II.* Aus dem Nachlass von N. Th. Katanov herausgegeben. Berlin. 1943.

日野強（Hino Tsuyoshi）著、華立譯　《伊犁紀行》　哈爾濱市　黑
　　　　龍江教育出版社　2005年

## 工具書

阿布都熱依木・熱合曼主編　《學生實用維漢詞典》　烏魯木齊市
　　　　新疆大學出版社　2004年

馮克正、傅慶升主編　《諸子百家大辭典》　瀋陽市　遼寧人民出版
　　　　社　1996年

傅恆等修《欽定西域同文志》　長春市　吉林出版集團有限責任公司
　　　　2005年

Gunar Jarring. *An Eastern Turki-English Dialect Dictionary* Lund: Cwk
　　　　Gleerup, 1964.

栗林均（Hitoshi Kuribayashi）編：『「蒙文総彙」－モンゴル語ローマ
　　　　字転写配列－』　東北大學東北アジア研究センター　东北
　　　　大學アジア研究センター叢書第37号　2010年

劉義棠　《〈欽定西域同文志・新疆回語部分〉校注》　臺北市　臺
　　　　灣商務印書館發行　1984年

Robert Barkley Shaw, F.R.G.S., *A Sketch of the Turki Language as spoken
　　　　in Eastern Turkistan (Káshghar and Yarkand)*, Part II, Vocabulary,
　　　　Turki-English Calcutta, 1880.

Steingass, *A Comprehensive Persian- English dictionary*, Nataraj Books,
　　　　2012.

新疆維吾爾自治區語言文字工作委員會編著　《維漢大詞典》　北京
　　　　市　民族出版社　2006年　顏品忠、顏吾芟、邸建新等主編
　　　　《中華文化制度辭典》〈文化制度〉　北京市　中國國際廣
　　　　播出版社　1998年

鄭天挺、吳澤、楊志玖主編　《中國歷史大辭典》上卷　上海市　上
　　　　海辭書出版社　2000年

周德昌主編　《簡明教育辭典》　廣州市　廣東高等教育出版社
　　　　1992年

《五體清文鑑》上冊　北京市　民族出版社　1957年

# 著作

馬文華　《新疆教育史稿》　烏魯木齊市　新疆大學出版社　1998年

苗普生　《伯克制度》　烏魯木齊市　新疆人民出版社　1995年

片岡一忠（KATAOKA Kazutada）　《中國官印制度研究》　東京市
　　　　東方書店　2008年

片岡一忠　《清朝新疆統治研究》　東京市　雄山閣　1991年

齊清順、田衛疆　《中國歷代中央王朝治理新疆政策研究》　烏魯木
　　　　齊市　新疆人民出版社　2004年

蘇北海、黃建華　《哈密、吐魯番維吾爾王歷史》（清朝至民國）
　　　　烏魯木齊市　新疆大學出版社　1993年

田山茂（TAYAMA Shigeru）　《清代に於ける蒙古の社會制度》
　　　　東京市　文京書院　1954年　潘世憲譯《清代蒙古社會制
　　　　度》　北京市　商務印書館　1987年

田衛疆主編　《吐魯番史》　烏魯木齊市　新疆人民出版社　2004年

王東平　《清代回疆法律制度研究》（1759-1884）　哈爾濱市　黑龍
　　　　江教育出版社　2002年

曾問吾　《中國經營西域史》　上海市　商務印書館　民國二十五年
　　　　（1936）

鍾興麒　《新疆建省述評》　烏魯木齊市　新疆大學出版社　1993年

佐口透（SAGUCHI Toru）　《十八～十九世紀新疆社會史研究》
　　　　東京市　吉川弘文館　1963年　凌頌純漢譯　烏魯木齊市
　　　　新疆人民出版社　1983年

佐口透　《新疆民族史研究》　東京市　吉川弘文館　1986年　章瑩
　　　　漢譯　烏魯木齊市　新疆人民出版社　1993年

佐口透　《新疆穆斯林研究》　東京市　吉川弘文館　1995年　章瑩
　　　　漢譯　烏魯木齊市　新疆人民出版社　2011年

# 論文

曹尚亭、查向軍　〈吐魯番直隸廳運作史鉤略〉　《新疆大學學報》
　　2005年第5期

陳宗振　〈漢回合璧研究〉　《民族語文》　1989年第5期

紀大椿　〈論清季新疆建省〉　《新疆社會科學》1984年第4期

紀大椿　〈新疆建省餘事述議〉　《西北民族研究》1990年第1期

Joseph W. Esherick, Hasan Kayalı, Eric Van Young., *Empire to Nation:
　　historical perspectives on the making of the modern world,
　　Lanham*, Md: Rowman & Littlefield, 2006.

李　剛　《清代──民國初期新疆回部王公貴族世系研究》　南京大
　　學博士論文　2008年1月

聶紅萍　〈清代前期新疆州縣以下基層制度的演變〉　《蘭州大學學
　　報》　2004年第1期。

片岡一忠　〈清末新疆省における學堂建設について〉　《社会文化
　　史学》第12号　1975年

齊清順　〈論清末新疆「新政」──新疆向近代化邁進的重要開端〉
　　《西域研究》　2000年第3期

田　雨　〈清學部頒《鄉土志例目》〉　《社會科學戰線》　1985年第
　　4期

王鳴野　《清季新疆二十八年》　中國社會科學院博士論文　2005年

趙江民、尤努斯江‧艾力　〈謝彬《新疆遊記》中的民族譯言探析〉
　　《新疆大學學報》　2007年第1期

朱玉麒　〈清代新疆官辦民族教育的政府反思〉　《西域研究》
　　2013年第1期

中島幸宏（Y.Nakashima）　〈清末新疆省における義塾教育〉　《東
　　洋史論集》第38号　2010年4月

史學研究叢書・歷史文化叢刊 0602026

# 晚清新疆官辦教育研究

作　　者　王啟明
責任編輯　官欣安
實習編輯　莊媛媛、謝宜庭
特約校稿　林秋芬

發 行 人　林慶彰
總 經 理　梁錦興
總 編 輯　張晏瑞
編 輯 所　萬卷樓圖書股份有限公司
　　　　　臺北市羅斯福路二段 41 號 6 樓之 3
　　　　　電話 (02)23216565
　　　　　傳真 (02)23218698

發　　行　萬卷樓圖書股份有限公司
　　　　　臺北市羅斯福路二段 41 號 6 樓之 3
　　　　　電話 (02)23216565
　　　　　傳真 (02)23218698
　　　　　電郵 SERVICE@WANJUAN.COM.TW
香港經銷　香港聯合書刊物流有限公司
　　　　　電話 (852)21502100
　　　　　傳真 (852)23560735

本書為臺灣師範大學國文學系 2022 年度「出版實務產業實習」課程成果。部分編輯工作，由課程學生參與實作。

ISBN 978-986-478-704-3
2022 年 6 月初版
定價：新臺幣 300 元

如何購買本書：
1. 劃撥購書，請透過以下郵政劃撥帳號：
　　帳號：15624015
　　戶名：萬卷樓圖書股份有限公司
2. 轉帳購書，請透過以下帳戶
　　合作金庫銀行 古亭分行
　　戶名：萬卷樓圖書股份有限公司
　　帳號：0877717092596
3. 網路購書，請透過萬卷樓網站
　　網址 WWW.WANJUAN.COM.TW
大量購書，請直接聯繫我們，將有專人為您服務。客服：(02)23216565 分機 610

如有缺頁、破損或裝訂錯誤，請寄回更換
版權所有・翻印必究
Copyright©2022 by WanJuanLou Books CO., Ltd.
All Rights Reserved　　　　Printed in Taiwan

國家圖書館出版品預行編目資料

晚清新疆官辦教育研究/王啟明著. -- 初版. -- 臺北市 ： 萬卷樓圖書股份有限公司, 2022.06　面 ；　公分. -- (史學研究叢書.歷史文化叢刊; 602026)

　　　ISBN 978-986-478-704-3(平裝)

1.CST: 教育史　2.CST: 清代　3.CST: 新疆維吾爾自治區

520.9207　　　　　　　　　111010566